La Encrucijada Económica de España

Propuestas para salir de la crisis

La Encrucijada Económica de España

Propuestas para salir de la crisis

Blas Calzada Terrados

Juan Pablo Calzada Torres

EDICIONES DEUSTO

Diseño de la cubierta: El taller interactivo, S.L.

Deusto es un sello editorial de Centro Libros PAPF, S.L.U.
Grupo Planeta
Av. Diagonal, 662-664
08034 Barcelona

Impresión: Brosmac, S.L.
ISBN: 978-84-234-2739-0
Depósito legal: M. 43.667-2009
Primera edición: noviembre de 2009
Preimpresión: Creacions Gràfiques Canigó, S.L.

Impreso en España - *Printed in Spain*

Esta obra está dedicada a nuestra familia, sin cuyo apoyo esta obra no hubiese sido posible, y sin cuya comprensión las horas robadas habrían sido una carga insoportable para nosotros.

Sumario

Tercera parte
La encrucijada española, las opciones de salida de la crisis

Prólogo

La intención de este trabajo es explicar de modo comprensible para los que no son técnicos en economía las causas de un fenómeno económico tan poco corriente como el que ha sucedido en el mundo entre 2007 y 2008, cuyas consecuencias en el futuro del mundo aún no son evidentes en el momento de imprimir esta obra.

El análisis de los antecedentes y causas del crac financiero y económico ocurrido entre 2007 y 2008 nos ha llevado tan lejos como hasta el año 1990, ya que la caída del Muro de Berlín, la transformación de las economías planificadas y la mejora tecnológica de las telecomunicaciones han sido muy importantes desde el comienzo de la última década del siglo XX para la implantación de lo que se ha dado en llamar globalización.

La explicación del crac financiero y económico mundial es relativamente complicada, y desde luego no responde a esquemas simplistas sobre la bondad o la maldad de los banqueros, de los especuladores o de otros gestores de mala prensa, que por supuesto han influido, y deben ser castigados por ello, pero que en circunstancias diferentes del orden económico no se habrían producido. Tampoco hay que achacar la crisis a una regulación excesivamente pequeña o inexistente, que no lo ha sido nunca, sino a una mala supervisión de dicha regulación.

Si la explicación es importante, también lo es identificar los errores que no deben repetirse; por tanto, las medidas de política económica y de cambio de regulación que se sugieren son las que en nuestra opinión impedirían cometer los mismos errores.

El impacto de la crisis en la economía española ha tenido mucho que ver con los problemas internacionales en su comienzo, pero aunque no hubiese habido un crac financiero de estas dimensiones, la economía española tenía tantos elementos de fragilidad que la detención del crecimiento, y probablemente la recesión, hubiesen sucedido de todos modos.

En todo caso, está claro que la economía española que salga de la crisis tendrá que ser bastante diferente a la existente en 2007, y por tanto las llamadas reformas estructurales aparecerán tanto si están apadrinadas por las autoridades como si no. Precisamente una política económica adecuada, que será muy difícil, marcará la diferencia entre las transformaciones buscadas y asumibles y las que aparecerán de todos modos debidas a la acción de las fuerzas del mercado, que no tienen por qué ser las adecuadas y deseables. Esta es de cualquier modo la opinión de los autores.

En el blog www.oikoforum.blogspot.com, abriremos un espacio de debate sobre políticas económicas en el que todas las personas y todas las opiniones serán bienvenidas.

Introducción

La presente obra pretende explicar de un modo comprensible para cualquier lector las causas y, en la medida de lo posible, los remedios de la crisis de la economía española que comenzó en el año 2008. Para comprender esta crisis en toda su dimensión ha sido necesario también explicar las causas del crac financiero de 2007, que produjo efectos importantísimos sobre la economía mundial y naturalmente sobre la española. Sin el análisis internacional no es posible entender la evolución de la economía española.

Los antecedentes de la situación de la economía mundial en 2007 se remontan en el tiempo hasta el importante acontecimiento histórico de la caída del muro de Berlín. Desde ese momento la globalización de la economía de mercado ha ido creciendo año a año apoyada por las tecnologías de la información, sobre todo, por el desarrollo de Internet, que dieron un salto espectacular precisamente en las mismas fechas. A ello se debe que nuestros análisis comiencen en 1990.

En esta obra se ha intentado establecer claramente cuáles han sido las causas de las crisis internacional y española. Los remedios que se incluyen están pensados para un momento específico de la crisis, el verano de 2009, y por tanto algunas de las medidas sugeridas a corto plazo pueden haberse implementado, y, de no haber sido así, habría que ajustar la intensidad de las mismas, ya en el momento de la publicación de este libro. En nuestra opinión, quizá no las medidas concretas pero sí el sentido de las mismas son imprescindibles para el objetivo general de crecimiento equilibrado de la economía mundial, y en particular el de España, en un nuevo panorama económico globalizado.

La situación internacional

1. Aunque no es la causa directa de la crisis, la demografía es un factor importante en la evolución económica de los años estudiados. En el mundo, entre 1990 y 2007, la población creció aproximadamente en 1.700 millones de habitantes. Para comprender lo que eso significa, según el cálculo de los historiadores demógrafos, 1.700 millones era la población total del mundo en 1900. Este extraordinario crecimiento demográfico se sitúa como telón de fondo de casi todo lo que ha sucedido en estos escasos veinte años. El crecimiento demográfico se ha distribuido muy desigualmente, y ha aumentado, sobre todo, la población de los países subdesarrollados o en vías de desarrollo, mientras que en los países de alta renta solo se ha incrementado de modo marginal y en buena parte como consecuencia de la inmigración.

2. Durante el período de tiempo considerado, la economía mundial ha crecido como nunca lo había hecho en la historia. El producto interior bruto (PIB) mundial se ha multiplicado en casi tres veces, medido en dólares corrientes. Al contrario que en otras etapas, los países más pobres han crecido bastante más deprisa que los países ricos y, por tanto, aunque las diferencias de renta entre países siguen siendo enormes, son ahora menores de lo que eran hace diecisiete años. El período, desde este punto de vista, puede dividirse en dos, y en los años transcurridos del siglo XXI el crecimiento se ha acelerado y se ha acentuado la diferencia de crecimiento entre países pobres y ricos a favor de los primeros.

Cuando se toma en cuenta el PIB per cápita los crecimientos son naturalmente menores, pero siguen siendo bastante importantes, aun interpretándolos en dólares constantes, y también son favorables a los países pobres con respecto a los ricos. De haber seguido los crecimientos económicos con las mismas pautas que hasta el año 2007, en menos de dos décadas habrían convergido suficientemente.

Como conclusión tenemos que decir que la evolución económica desde 1990 ha sido positiva desde todos los puntos de vista y es deseable que una vez pasada la crisis, el desarrollo económico mundial siga las mismas pautas del período estudiado. Es decir, crecimiento rápido que supere ampliamente el aumento de la población y que sea más dinámico en los países pobres y en desarrollo que en los países ricos.

3. Con toda seguridad el proceso de globalización de la economía mundial es un factor clave en el crecimiento de este período. La primera causa del aumento de la globalización ha sido precisamente la desaparición de las economías centralmente planificadas. La adopción por parte de la antigua Unión Soviética, de sus países satélites y de China de la economía de mercado ha ampliado el ámbito de esta en bastantes centenares de millones de personas. Pero no ha sido el único factor, la rebaja de aranceles y la mejora de las condiciones de comercio acordadas en las rondas de Uruguay y Doha han permitido aumentar las corrientes del comercio internacional de una manera notable. Además, el avance de las comunicaciones ha conformado una relación más fluida, rápida y barata entre todos los países del mundo, en aspectos económicos fundamentales y, especialmente, en intercambios financieros.

La eliminación de obstáculos a la libre circulación de mercancías y capitales más la mejora de las comunicaciones han hecho que las economías estén más interrelacionadas que en ningún otro momento de la historia. Eso es una conquista de la humanidad, y debería continuar en cualquier situación. Sin embargo, si persiste la mala coyuntura mundial, las cortapisas al comercio y el acrecentamiento de las dificultades al intercambio pueden aparecer de nuevo por la acción de gobiernos que se sientan perjudicados en algún momento, o que ante la falta de ideas adopten este camino de regresión.

4. El crecimiento económico de los países en vías de desarrollo ha sido la causa fundamental de crecimiento de la economía mundial. Se ha producido en gran medida por una demanda de sus bienes y servicios generada precisamente en los países desarrollados. Muchos de estos países han incurrido en déficits importantes y sistemáticos de su balanza por cuenta corriente. Es decir, han comprado bienes y servicios del exterior por mucho más volumen de las ventas de bienes y servicios que ellos han vendido en el extranjero. Eso significa que han tenido que financiar la diferencia obteniendo créditos de los mercados internacionales, y por

tanto se ha acumulado un volumen de crédito que no habría sido posible si las condiciones de liquidez en el mundo hubiesen estado más acordes con las necesidades reales de la economía. Los déficits exteriores sistemáticos de Estados Unidos, de España o de los países del este de Europa no habrían sido posibles si hubieran tenido mayores dificultades para endeudarse en el mercado internacional. Esta es una de las causas que han detenido el crecimiento de los países en vías de desarrollo cuando ha estallado el crac financiero.

Las condiciones de gran liquidez en el conjunto de la economía mundial se han producido porque los bancos centrales más importantes, la Reserva Federal de Estados Unidos, el Banco Central Europeo, el Banco de Inglaterra y el Banco de Japón, han mantenido tipos de interés demasiado bajos. Efectivamente, desde el final de la Segunda Guerra Mundial se ha considerado que los tipos de interés deben servir para controlar la inflación. En el período que hemos considerado, la inflación mundial ha sido relativamente pequeña ya que las tensiones inflacionistas han sido bajas, precisamente en razón de la globalización. Solo en algunos momentos ha habido tensiones de precios sobre las materias primas, pero no sobre el factor clave de los costes de producción, que es la mano de obra.

Los bancos centrales han movido los tipos de interés en razón de la inflación únicamente, y por tanto, la liquidez ha aumentado más de lo debido, provocando las burbujas que acabaron estallando en verano de 2007 y otoño de 2008.

5. Las hipotecas llamadas *suprime* fueron un sistema de ayuda a las personas y regiones empobrecidas de Estados Unidos, promovidas por las autoridades. La legislación que las impulsa comenzó bajo la presidencia de Carter, y se acentuó la exigencia para que fueran concedidas por el sector financiero, en los últimos años de la presidencia de Clinton, a través de diversas reformas de la legislación.

Con ellas se trataba de facilitar el acceso a la vivienda a familias de renta baja a las que se atribuía la posibilidad de mejorar su estatus económico con rapidez y, por tanto, la capacidad de pagar los verdaderos costes de la hipoteca al cabo de unos pocos años. Para animar al sector financiero a formalizar este tipo de préstamos, las titulizaciones que se podían fabricar basadas en esas hipotecas tenían el aval o eran aseguradas por dos instituciones financieras estadounidenses que habían sido creadas para mejorar el sistema hipotecario: una, Fanny Mae, fue fundada en los años treinta con motivo de la gran crisis, y la otra, Freddy Mac, lo fue en 1970 para cubrir la parte del mercado hipotecario que no cubría la anterior. El que un conjunto de hipotecas se titulizase y además se le diera el aval de una compañía de seguros, en principio dependiente del gobierno de Estados Unidos, hacía que su calificación de riesgo en los mercados fuese muy favorable; por tanto, las titulizaciones solas o envueltas en otros productos fueron vorazmente anheladas como inversión.

Esta facilidad de colocación provocó el crecimiento desorbitado de la concesión de hipotecas *suprime*, de tal manera que en los años 2004 y 2005 se concedieron veinte veces más hipotecas que la media de las concedidas entre 1997 y 2000. Con este gran volumen, infinitamente superior al considerado por los redactores de las leyes que las impulsaron, se superaron los límites razonables de este tipo de hipotecas, haciendo que las ventas de casas por hipotecas fallidas hundieran el mercado inmobiliario por sobreoferta, lo que produjo el estallido de la burbuja de la vivienda en Estados Unidos, efecto que se extendió por el mundo a través del sector financiero.

6. La difícil valoración de los productos en los cuales se incluían hipotecas *suprime* provocó dos tipos de problemas. Aquellos que tomaron los productos como inversores finales sencillamente perdieron parte de sus ahorros. Hasta aquí ningún efecto sobre el sistema, pero el hecho de que intermediarios financieros, bancos de inversión e incluso bancos de depósito normales hayan comprado productos estructurados basados en las *subprime* ha tenido efectos devastadores sobre el sistema financiero internacional. Para los bancos, la pérdida que había que reflejar en el balance significaba que sus fondos propios disminuían por la cantidad perdida y que había que reequilibrar la relación entre fondos propios y créditos disminuyendo los créditos. Esto creaba, por tanto, un problema extraordinario para el funcionamiento de la economía real, que ahora veía difícil alcanzar una financiación que unos pocos meses antes era muy abundante. Así pues, el problema financiero se trasladó a una baja actividad de la economía real.

Además, como los productos tóxicos estaban colocados en los bancos de muchos países desarrollados, la enorme restricción del crédito afectó profundamente a la actividad económica de dichos países. El mal momento de las economías desarrolladas se transmitió al resto, por la reducción del comercio internacional. El precio de las materias primas descendió bruscamente, y de nuevo volvió a incidir sobre la actividad económica de los países exportadores de materias primas, que se encontraron sin renta suficiente para sostener sus economías interiores.

En resumen, sucedió un efecto dominó de libro, que se produce siempre que hay un problema financiero serio en cualquier país. Pero que esta vez se transmitió por efectos de la globalización a prácticamente todo el mundo.

7. Las autoridades económicas tomaron en seguida algunas medidas elementales. La primera fue bajar los tipos de interés y suministrar abundante financiación a los bancos comerciales, para evitar un efecto de bloqueo financiero total, al mismo tiempo que bajaban hasta niveles increíblemente bajos los tipos de interés, para así fomentar la concesión de créditos. El sistema funcionó solo a medias, ya que la desconfianza de unos bancos en otros impidió que el mercado interbancario funcionase como reordenador de la liquidez. Hay que darse cuenta de que la solvencia, que es la relación entre los activos de un banco y su patrimonio, disminuyó en algunos casos de manera tan drástica que las autoridades tuvieron que intervenir con inyecciones a entidades financieras privadas para evitar un shock en la creación de medios de pago.

Se procuró solucionar el problema de los productos tóxicos de distintos modos. Primero se intentó comprar a los bancos dichos productos, y colocarlos en una institución específica que se ha dado en llamar «banco malo», idea que aún no está descartada. Y en una segunda fase, se pensó en recapitalizar con fondos públicos a los bancos con problemas de solvencia para que estos no tuvieran que reducir el crédito.

Ambas actuaciones han sido mal entendidas por la opinión pública, que ha pensado que se premiaba a los bancos dándoles dinero público cuando ellos eran los causantes de la actual crisis. Si se piensa en cómo se crea el dinero moderno, hay que entender que no se trata de premiar a nadie, sino de evitar un colapso general del sistema económico.

8. La situación de desconcierto financiero y baja actividad económica preocupó tanto a las autoridades económicas y políticas que se acordó organizar una especie de congreso universal, el llamado G-20, en el cual una veintena de países que representan al 85% de PIB mundial toman decisiones sobre la economía mundial. Se trataba de buscar soluciones globales a un problema global.

La primera reunión del G-20, en noviembre de 2008, se limitó a dar una idea de acción global y a expresar el firme convencimiento de que la economía de mercado no estaba llegando a su fin. Además, se convocó otra reunión para abril de 2009.

En la reunión de abril de 2009 todos los participantes salieron muy satisfechos de lo obtenido. Fueron 27 acuerdos sobre temas relacionados con la crisis de mayor o menor amplitud. Es difícil resumirlos, pero sí se puede extraer de ellos algunas conclusiones importantes. Se acordó acabar con los problemas financieros a la mayor brevedad, utilizando el dinero público hasta donde fuese necesario. Se fortaleció de manera importante la financiación del Fondo Monetario Internacional (FMI) y se le encomendó claramente que fuese el servicio de estudios de la economía mundial, que propusiese las nuevas reglas para la actividad financiera y que se ocupase en lo posible de que la utilización de los importantes fondos que se han de aplicar a la financiación del comercio internacional y a la ayuda de los países menos desarrollados tuviesen el mejor uso.

En paralelo se encargaron importantes cometidos al llamado Financial Stability Board (FSB, por sus siglas en inglés), que es una versión del ya existente Financial Stability Forum (FSF, por sus siglas en inglés), con mayor número de participantes. Se establecieron cometidos concretos y mayor financiación a los bancos regionales de desarrollo, y se encomendaron a otras instituciones internacionales, como a la Organización Mundial del Comercio (OMC) y a las Naciones Unidas (ONU), encargos específicos sobre sus cometidos actuales.

Con todo, un tema importantísimo para evitar el aumento de paro en el mundo, que son las medidas de estímulo de la economía, se dejó en manos de los países y no se propuso ninguna pauta para actuar de forma conjunta. En lo que se refiere a impedir medidas restrictivas en el comercio mundial y devaluaciones competitivas, se hizo una declaración de principios, pero no se estableció ningún sistema de coacción o sanción para evitar que estas nocivas prácticas se realicen. Por último, aunque se dio mayores poderes, al menos teóricamente, a los organismos internacionales, no se les otorgó ningún poder de coacción o sanción para castigar a los países que no sigan los principios establecidos.

El mismo G-20 es un instrumento que no tiene prevista ninguna actuación que no sea por unanimidad, ya que ni siquiera tiene preparado un sistema de votación. De todas maneras, es importante que las reuniones del G-20 sigan teniendo lugar, porque al menos es un lugar de encuentro en el cual los países que hayan actuado de manera impropia quedarán en evidencia ante los demás. Sería interesante por último, conocer cómo se desarrollan las labores encomendadas a los comités técnicos, los profesionales que los componen y ver las propuestas alternativas que emanarán de ellos.

9. En el verano de 2009 dio la impresión de que se habían corregido los peores efectos del crac de 2009, y que solo podría deteriorar la situación financiera mundial un nuevo choque, producido por la baja actividad económica. Es, pues, seguramente necesario que haya medidas importantes de estímulo a la actividad, para que no entremos en un círculo vicioso en el que la mala situación de la economía produzca problemas financieros y que éstos a su vez provoquen un nuevo deterioro de la actividad económica. Desde nuestro punto de vista son precisas dos medidas a corto plazo para evitar esa desagradable situación.

Por una parte, establecer claramente y de manera definitiva cuáles son los intermediarios financieros (bancos, cajas...) que puedan continuar actuando normalmente, sin peligro de que su funcionamiento se vea interrumpido por un nuevo deterioro de la actividad económica.

Y por otra parte, hay que estimular la economía internacional con ciertas iniciativas públicas en bastantes países. Pero nos parece que no todos los estímulos son apropiados. Desde el Estado solo se pueden impulsar inversiones con resultados claros a corto plazo, de los cuales se puedan obtener los ingresos necesarios para devolver los empréstitos que haya sido necesario emitir para sufragar dichas inversiones. No es incompatible que este tipo de inversiones se promueva a través de empresas privadas, incluso sería conveniente. Unas medidas de estímulo que consistan en gasto puro o para estimular el consumo nos parece que solo pueden empeorar la situación.

Desde el punto de vista financiero a más largo plazo sería necesario establecer un sistema por el cual el FMI asesore a los bancos centrales sobre los tipos de interés necesarios para evitar que aparezcan burbujas, de tal manera que la política monetaria no solo tenga en cuenta la inflación, sino también la aparición de burbujas inmobiliarias, bursátiles o de cualquier otro tipo de activo de inversión.

Es preciso establecer un sistema por el cual haya una moneda de reserva que no pertenezca a ningún país, impidiendo así que los países emisores de moneda de reserva puedan endeudarse de manera indefinida, aprovechándose de su situación.

Es una necesidad evidente que haya unidad de criterios contables en todo el mundo, que se reexaminen y reelaboren los sistemas de medición de riesgos, que se tengan en cuenta de manera pragmática las necesidades de capital de las instituciones financieras bancarias y que se reforme el estatuto de los analistas y de otras instituciones financieras no bancarias.

El objetivo fundamental es que el crecimiento de la economía mundial siga siendo tan dinámico como lo fue en los años anteriores a 2007, pero que los defectos de ese proceso se eviten en el futuro.

La situación española

10. En el período considerado, de 1990 a 2007, también la población española ha crecido de modo extraordinario, especialmente de 1998 a 2007. Pero a diferencia de la población mundial, que ha crecido por movimiento natural de la población, nacimientos y muertes, la española ha crecido fundamentalmente debido a una intensísima inmigración. Si las tasas de crecimiento del conjunto de los países más pobres del planeta han sido altas, en España unas tasas similares se han producido por la gran cantidad de inmigrantes que hemos acogido en nuestro país.

También el crecimiento de la economía ha sido superior al del resto de países desarrollados, pero de la misma manera que en los países pobres, la renta por habitante ha crecido bastante menos. El crecimiento de la renta nacional o del PIB ha tenido dos períodos de diferente intensidad, entre 1990 y 1998, cuando el PIB en España creció relativamente rápido los tres últimos años, ya que en los primeros años noventa sufrimos una recesión y hubo que controlar los impulsos inflacionistas de la economía perjudicando el crecimiento. Antes de 1998 hemos de recordar que no pertenecíamos a la zona euro, y por tanto la política económica era relativamente independiente, pudiéndose así adaptar el tipo de interés del Banco de España a las necesidades de la coyuntura económica nacional, y pudiendo devaluar en los momentos en los que se hizo imprescindible, como ocurrió en 1992 y 1993.

Desde 1998, esa libertad de acción no ha sido posible, pero a cambio hemos entrado en una zona de divisa fuerte, que acabó siendo fortísima cuando el dólar y las divisas dolarizadas perdieron valor contra el euro. Desde 1998 el crecimiento del PIB español en euros ha sido extraordinariamente importante, bastante más que el crecimiento de la producción en términos constantes. Este aumento del poder de compra con respecto al exterior de la zona euro permitió no solo que el consumo español se surtiese en mayor medida de las importaciones, sino que nuestras empresas pudieran adquirir otras en el exterior, creándose así un grupo de empresas multinacionales españolas. Los bajos tipos de interés de estos primeros años del siglo fueron fundamentales para encontrar la financiación y la justificación de dichas inversiones.

Tanto las inversiones en el extranjero como el desequilibrio de la balanza de pagos producido por la facilidad de importaciones y la dificultad de las exportaciones tuvieron que financiarse en el exterior. Y como España pertenecía a un grupo de naciones con moneda fortísima y la política monetaria de los grandes bancos centrales del mundo era muy permisiva, el endeudamiento creció de manera exponencial, sobre todo en los cuatro últimos años del período.

Una moneda fuerte se mantiene en el tiempo si la productividad del país crece al mismo ritmo que el poder de compra de la moneda. Si no es así, llega un momento en que es casi imposible seguir financiando los déficits crónicos de la balanza por cuenta corriente y de pagos.

II. La productividad de la economía española creció muy despacio entre 1990 y 1998, y desde entonces se mantiene estable, lo que en realidad significa que se pierde competitividad cada año debido al crecimiento de la productividad de los demás, y en este caso sobre todo de los países en vías de desarrollo. El consumo y la inversión en vivienda, que favorecieron los créditos fáciles de la economía española, produjeron además una demanda importante de puestos de trabajo que los españoles no podían o no querían cubrir. Eso dio lugar a un aumento de la población ocupada como nunca había sucedido en España, pero que se circunscribía a sectores de muy baja productividad (construcción, servicio doméstico, hostelería...). Ese tipo de empleos, más un aumento de la Administración Pública muy por encima de lo razonable, es lo que produjo una pérdida de productividad, tanto en la construcción como en los servicios, que los débiles aumentos de productividad de la industria y la agricultura no pudieron compensar.

Puesto que una parte importante de la demanda de consumo y de construcción en viviendas estaba financiada con créditos que al final procedían del exterior, el crac financiero mundial produjo un efecto tremendo sobre la financiación de la economía española, que, recordemos, necesitaba cada vez un mayor incremento. Consecuentemente la actividad económica ha sufrido un duro golpe desde que los efectos de la falta de liquidez se hicieron notar.

12. El sistema financiero español no sufrió con la crisis de la *subprime* ni con los activos tóxicos de primera oleada. Sin embargo, la baja actividad económica y la exposición demasiado grande a los sectores de construcción e inmobiliario hicieron resentirse de manera específica al sistema financiero nacional. El hecho de que hubiese una burbuja inmobiliaria en España, y por tanto la posibilidad de explosión de esa burbuja, sembró la desconfianza sobre las instituciones financieras españolas.

La dificultad de financiación en los mercados internacionales hizo que los bancos españoles tuvieran problemas de liquidez, lo que influyó sustancialmente en la marcha normal de la actividad económica, a pesar de los esfuerzos del Banco Central Europeo y del gobierno español. El Banco Central Europeo realizó subastas extraordinarias para inyectar liquidez a toda la eurozona, a la vez que bajaba los tipos de interés a niveles cercanos a cero. El gobierno español por su parte compró activos seguros de los bancos, para mejorar de ese modo la liquidez y por tanto la concesión de créditos a particulares y empresas.

Lo que al principio se pensó que era solo un problema de liquidez, acabó apareciendo como un problema de solvencia para algunas entidades, no por los activos tóxicos internacionales, sino por los créditos concedidos a empresas españolas, especialmente aquellas relacionadas con el sector inmobiliario y constructor. Al igual que en otros países, el gobierno está preparando un fondo con el fin de mejorar la solvencia de las entidades que lo precisaran y disponer de recursos para cerrar aquellas que fueran inviables.

13. Los efectos del parón financiero han sido muy profundos en la actividad real de la economía española. Esta gran repercusión se debe a que un porcentaje muy alto de la actividad económica española estaba dedicado bien a la construcción y venta de viviendas, bien al sector del automóvil. En ambos casos las compras precisan de créditos de considerable cuantía, unos a largo plazo y otros a medio plazo. Las dificultades de financiación provocaron que ambos sectores experimentaran una bajada importantísima en su actividad. Por otra parte, la dificultad de financiación del conjunto de la economía, más el convencimiento de los consumidores de que se aproximaban malos tiempos y la percepción de crisis general disminuyeron la parte de la renta de las familias y empresas dedicada al consumo y, por supuesto, también se pararon las inversiones, no solo en vivienda, sino en maquinaria y bienes de equipo. Todo ello producido por el efecto conjunto de la dificultad de financiación y la incertidumbre de la situación económica.

Los efectos sobre la economía española han sido enormemente negativos: la producción industrial ha llegado a descender en porcentajes superiores al 20%, las compras de automóviles en porcentajes superiores al 40%, un descenso similar en las transacciones de viviendas, e incluso los servicios han disminuido su actividad en tasas cercanas al 10%.

Como consecuencia de este parón de la actividad, el número de desocupados ha crecido de modo exponencial, poniendo en evidencia la fragilidad del empleo en España, especialmente en sectores de baja productividad.

La economía española está en una recesión importante debida fundamentalmente a su propia estructura productiva, a la cual se ha añadido de una manera devastadora el crac financiero y después económico del conjunto del mundo.

14. Ante una situación como la descrita, en la que el aumento del paro está influyendo en la propia estructura social de España, la política económica tiene al menos tres opciones de respuesta en las que deben integrarse las acciones concretas.

La primera es considerar que la contención del paro es el principal objetivo de la política económica y que ese objetivo se logra mejorando de golpe la competitividad de la economía española. Para ello habría que salirse del euro y devaluar en un porcentaje tal que los productos españoles volviesen a ser competitivos. Devaluar siempre es una mala solución, que indica que la política económica anterior no ha sido acertada, pero además en la situación actual del mundo la devaluación tendría que ser muy grande, y nos llevaría a un aislamiento con respecto al resto de naciones. Además, la devaluación es solo una medida de corto plazo, que da una pequeña prórroga en tanto se establece una nueva política económica.

Una segunda opción es dejar que las fuerzas del mercado actúen eliminando a la parte no competitiva de la economía, para después lograr una recuperación sobre bases más sanas. De hecho, las medidas tomadas por el gobierno han sido bastante inútiles para detener la deriva de la economía, y en el verano de 2009 estábamos en una situación similar a la que se hubiese llegado no haciendo nada, pero con el agravante de haber socavado la maniobrabilidad del Estado que está ahora en una situación muy difícil.

Hay que decir que mientras tanto ha mejorado el ahorro del resto de la economía, de alguna manera el déficit con el exterior se ha reducido, y por tanto se han realizado algunas mejoras sustanciales de la arquitectura económica con la que entramos en la crisis.

El riesgo de esta situación es que las fuerzas del mercado la deterioren tanto que solo cuando estén en activo los mismos 12 ó 13 millones de trabajadores ocupados que había en 1998, se estabilice la economía. Eso significa que el número de parados alcanzaría unas cifras inasumibles desde el punto de vista social, y por tanto esta es también una opción que debemos descartar.

La tercera opción es una política económica que permita a corto plazo disminuir la sangría de los parados, pero que al mismo tiempo establezca las bases para mejorar en un tiempo prudencial la competitividad de la economía española. Es una política económica de difícil realización, que exige esfuerzos de muchos sectores, y por tanto es imprescindible que se haga bajo un gran consenso político. Ni es fácil, ni es segura, en el sentido de que debe ser flexible para tener en cuenta los cambios que puedan ocurrir en el futuro, con la vista puesta en ciertos objetivos prioritarios que son relativamente contradictorios. Hay que ser capaces de reducir o no incrementar el paro, al mismo tiempo que se mejora la productividad.

15. Se llama economía del conocimiento a aquellas economías avanzadas que son capaces por una parte de crear nuevas tecnologías aplicables a la economía y por otra de mejorar la utilización de los factores actuales de producción, de tal manera que, incluso con niveles tecnológicos similares, obtienen un mejor aprovechamiento de los mismos. Adviértase que no se trata solo de tener un nivel de investigación que permita crear nuevos bienes y servicios, sino también de que la organización y el buen hacer permitan sacar mayor rendimiento a los factores de producción.

Algunos economistas piensan que a partir de una cierta renta per cápita es imposible mantenerla o superarla sin una generalización dentro del país de la economía del conocimiento.

En España tenemos unos niveles de investigación científica buenos, pero la transformación en productos y servicios de esa investigación deja mucho que desear. En los últimos años se ha invertido bastante en I+D por parte del gobierno, no tanto las empresas, y no se ha logrado una mejora sustancial en la innovación de productos, servicios y procesos. El paso de la investigación e incluso del avance tecnológico a la utilización industrial de las mejoras científicas es un tema capital.

Con toda probabilidad, la introducción de la llamada economía del conocimiento en España será fundamental para conservar y mejorar nuestra renta en relación con el resto del mundo. Es un proceso complicado porque exige una formación de los trabajadores y de los directivos con mucho más contenido tecnológico del que hemos tenido hasta ahora. Es un camino que hay que emprender cuanto antes y probablemente ya desde este momento, y como un factor de salida de la crisis habría que intentar una puesta al día tecnológica relacionando mucho más a las empresas con las universidades y centros de investigación.

Hay que advertir que la innovación no es privativa de ningún sector, precisamente en los sectores más maduros triunfan empresas innovadoras. Por otra parte, la innovación tiene que partir de la empresa, entre otras cosas porque es una necesidad que va a sentir en momentos de gran crecimiento y en momentos de crisis. Todo lo que sea un dirigismo en cuanto a sectores o métodos por parte del Estado es una contradicción con el concepto mismo de innovación.

16. Como hemos señalado con anterioridad, la política económica necesaria en España va a ser complicada en los próximos años. En primer lugar hay que mejorar la actividad cuanto antes mejor, ya que la situación del paro así lo exige. Por tanto, es urgentísimo en este momento histórico poner en claro la situación del sistema financiero español, corrigiendo todo lo necesario para poder contar con él en el futuro. Otra medida urgentísima es incentivar la economía de forma correcta, es decir, con inversiones claramente rentables en paquetes suficientemente importantes que representen conjuntamente al menos al 3% del PIB.

Paralelamente hay que comenzar con las reformas del sistema productivo español: incentivar la economía del conocimiento, reformar el mercado laboral, ponerse de acuerdo en un sistema de funcionamiento del Estado más eficiente y por tanto más barato, comenzar a transformar el sistema educativo y, seguramente, elaborar un plan energético.

El detalle de estas medidas de política económica para España está en el último capítulo de esta obra, pero lo más importante para entender cómo tiene que ser la política económica es saber que existen medidas a corto plazo que hay que poner en marcha cuanto antes, y que las medidas a más largo plazo son también urgentes porque los incentivos por parte del Estado deben ser conocidos por los actores de la economía, y que los objetivos parciales se conozcan también para que dichos actores de la economía sepan en qué medida se están cumpliendo los fines últimos de la política económica.

Primera parte

La Crisis de 2007-2008, la Primera Crisis Global

I

La Evolución Económica y Demográfica del Mundo: de la Caída del Muro de Berlín a la Crisis de 2007-2008*

1. La importancia de la demografía

Desde la caída del muro de Berlín, en noviembre de 1989, que fue un momento de cambio en la política y la economía mundiales, la población del mundo ha crecido tanto como lo hizo desde el principio de la humanidad hasta el año 1900, unos 1.700 millones de personas. Muy pocos de ellos en países desarrollados, la mitad aproximadamente en países en vías de desarrollo, y el resto en países de rentas bajas.

---

* Nota: *Tenemos que advertir que la suma de población obtenida de los datos del FMI no coincide con la cifra de población mundial que publica el Buró del Censo de Estados Unidos, que es la fuente que se toma habitualmente; y la diferencia entre ambas fuentes no es pequeña. Nos hemos decantado por el FMI, debido a un criterio de homogeneidad de cifras, ya que este publica prácticamente todas las que nos interesaban para los análisis llevados a cabo en este libro.*

La presión de este crecimiento demográfico está siendo uno de los factores que han incidido de manera excepcionalmente importante en el equilibrio económico, sociológico y político de estas escasas dos décadas. No es el factor que ha influido más inmediatamente en la crisis económica que estamos sufriendo, pero sin duda tendrá un efecto impredecible en el mundo si la duración de la crisis se prolonga.

Para analizar la evolución de la población (y también del crecimiento económico), hemos dividido el mundo en una serie de grupos de países que a nuestro juicio son relevantes para nuestro análisis. El primer grupo lo componen los países desarrollados, entendiendo por tales, aquellos que tienen un PIB per cápita de más de 15.000 dólares, en el año 2007, y que no son productores de petróleo. El segundo grupo lo forman aquellos países de rentas altas y que son productores de petróleo. Un tercer grupo está compuesto por los países en vías de desarrollo acelerado, excepto los últimos que han firmado el tratado de la Unión Europea. El cuarto grupo está formado precisamente por los países en desarrollo acelerado recién ingresados en la Unión Europea. El siguiente grupo, el quinto, lo componen los países islámicos de rentas bajas. Y el sexto y último grupo está compuesto por los países no incluidos en los anteriores cinco grupos, que también tienen rentas bajas.

En el período considerado y que figura en la tabla 1.1., de este primer capítulo, el incremento acumulativo anual de la población ha sido del 1,56% entre 1990 y 2007, lo que implica que, si sigue creciendo a este ritmo, la población mundial se duplicará cada 46 años. Pero el crecimiento, como ya hemos dicho anteriormente, ha sido muy distinto según los grupos de países. Los países desarrollados han registrado el crecimiento más pequeño de todos y además en su inmensa mayoría provocado por la inmigración. Y es aún más acusado en el caso de los países productores de petróleo, que han multiplicado casi por tres su población en los diecisiete años comprendidos entre 1990 y 2007.

TABLA 1.1.

La población mundial en 1990, 2000 y 2007 (en millones de personas)

Grupos de países	1990	2000	2007
Desarrollados	800,56	856,67	896,85
Productores de petróleo	9,10	11,57	22,02
En vías de desarrollo en el mundo	2.644,19	3.038,25	3.259,98
En vías de desarrollo en Europa	110,78	108,04	106,57
Islámicos pobres	1.091,23	1.173,69	1.601,40
Resto	853,62	1.138,29	1.278,04
Total	**5.509,49**	**6.326,51**	**7.164,86**

Fuente: FMI.

En las economías en vías de desarrollo, que comprenden casi el 50% de la población mundial, el crecimiento ha sido menor que la media mundial en el mismo período, y además desde que comenzó el milenio, dicha tasa de crecimiento se ha reducido notablemente hasta el 0,88% acumulativo anual. En nuestro cuarto grupo, los países en vías de desarrollo recién incorporados a la Unión Europea, la emigración hacia el resto de Europa ha sido tan intensa que su población ha disminuido del orden del 5% para todo el período estudiado.

Y, por último, tenemos los dos grupos directores del crecimiento de población mundial, los de menores rentas, que han crecido durante el período a ritmos muy superiores a la media, pero que se han comportado de distinta manera desde que comenzó el siglo, mientras que los países islámicos de rentas bajas han incrementado el ritmo de crecimiento anual, cuando el resto lo han disminuido en casi un punto porcentual. En concreto, la población de los países islámicos pobres ha crecido un 0,73% anual entre 1990 y 2000, y un 4,34% anual entre 2000 y 2007, mientras que el resto de economías subdesarrolladas crecía al 2,84% anual entre 1990 y 2000, y un 1,64% anual entre 2000 y 2007.

En números absolutos, el crecimiento ha sido prácticamente similar en los períodos 1990-2000 y 2000-2007, pero hay que tener en cuenta la distinta extensión, ya que uno es un período de diez años y el otro solo de siete. Y que lo que contribuye a equilibrar el número absoluto de los dos períodos es precisamente el crecimiento acelerado de los países islámicos de rentas bajas y los productores de petróleo (aunque estos últimos influyen poco en el conjunto, porque son países con muy poca población de partida), ya que en el resto de grupos el crecimiento ha sido también inferior en valores absolutos. En todo caso, parece significativo distribuir el crecimiento de la población en tres grupos de países, los países ricos, los países en vías de desarrollo y los países pobres, cada uno de los cuales comprende dos de las clasificaciones detalladas más arriba. Los países ricos comprenden el grupo que hemos llamado desarrollados y el grupo de productores de petróleo, los países en desarrollo rápido comprenden los dos grupos que más han contribuido al crecimiento en este período de tiempo, y los países pobres comprenden el grupo del resto del mundo y el grupo de países islámicos de rentas bajas.

Vale la pena examinar la estructura del crecimiento de la población. No hay que olvidar que el total del crecimiento es una cifra similar a la población total del mundo en una fecha tan próxima como el año 1900. En la figura 1.1. de este primer capítulo, se puede ver la estructura de las variaciones en valores absolutos en los tres grupos de países. Como se puede observar, las cantidades absolutas de crecimiento se producen en los países en vías de desarrollo y en los países pobres debido a dos razones. Por una parte, que es el punto de partida de este estudio, era ya mucho mayor la población en 1990, y por otra, el hecho de que la tasa de crecimiento ha sido muy superior en los dos últimos grupos que en el primero, el de los países ricos.

FIGURA 1.1.

Crecimientos absolutos de población (base, 1990; datos en millones de personas)

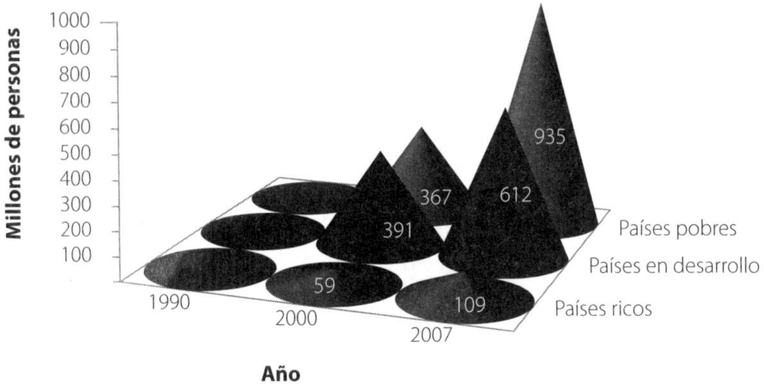

Fuente: FMI y elaboración propia.

Conviene hacer hincapié en que el mismo crecimiento económico está haciendo disminuir la tasa de incremento de la población en los países en que la economía se está desarrollando adecuadamente. Como puede verse en la tabla 1.2., de este primer capítulo, los países en vías de desarrollo reducen la tasa de crecimiento en la segunda parte del período estudiado, 2000-2007, de modo muy significativo con respecto al período 1990-2000. Por el contrario, el otro grupo de países que registra grandes aumentos de población desde 1990 hasta 2007, el de los países pobres, incrementa su tasa de crecimiento en los últimos años del estudio con respecto a los primeros del mismo. Esta vez la explicación parece ser ideológica y tiene que ver con el relativo éxito del islamismo radical. Los países de mayoría islámica han aportado más del 50% del crecimiento del grupo de países pobres, que se complementa con el grupo que hemos llamado anteriormente resto del mundo.

Si analizamos el aumento absoluto de la población en este período, podemos ver que hacía el final del mismo el incremento de población en los países pobres ha sido nueve veces superior al de los países ricos y un 50% superior al de los países en vías de desarrollo. Una vez más, dividiendo el período total en dos, hasta el significativo año 2000, y desde este año hasta 2007, mientras que el crecimiento de población en lo que llamamos países ricos, es decir los desarrollados y los productores de petróleo, sigue una pauta uniforme en ambos períodos. Los países en vías de desarrollo han registrado mayores tasas de crecimiento que los países ricos durante ambos períodos, pero su tasa es notablemente descendente, de los 611 millones de personas que creció la población en estos diecisiete años, prácticamente dos tercios del crecimiento se produjo antes del año 2000, mientras que el tercio restante tuvo lugar en el nuevo siglo.

Y, finalmente, tenemos el comportamiento del grupo que hemos denominado países pobres, que comprende los países islámicos pobres y el grupo que hemos llamado resto del mundo, que ha diferido notablemente de los otros dos grandes grupos por el efecto del éxito del islamismo radical, y que está registrando una tasa ascendente de crecimiento; mientras que entre 1990 y 2007 su población creció en términos absolutos poco más de 350 millones, desde que comenzó el siglo ha crecido prácticamente en 600 millones, debidos en su mayoría a los países islámicos pobres, dado que el grupo que hemos llamado resto del mundo sigue la pauta mundial de reducción de las tasas de crecimiento de la población observada desde que comenzó el nuevo milenio.

Dado el aumento de población, los flujos migratorios son proporcionalmente insignificantes, a pesar de que en números absolutos muy probablemente son los mayores flujos migratorios de la historia. Y por otra parte, el crecimiento económico parece tener una correlación negativa con las tasas de incremento de población; es decir, cuanto más ricos, menores tasas de crecimiento de la población, axioma que también se cumple en el grupo de resto del mundo, donde hemos englobado los países considerados desde una perspectiva tradicional especialmente pobres, con alguna salvedad.

TABLA 1.2.

Crecimientos de población por períodos (en tasa anual de crecimiento)

Grupos de países	**1990-2007**	**1990-2000**	**2000-2007**
Desarrollados	0,67%	0,68%	0,65%
Productores de petróleo	5,06%	2,37%	8,78%
En vías de desarrollo en el mundo	1,22%	1,38%	1,00%
En vías de desarrollo en Europa	−0,23%	−0,25%	−0,20%
Islámicos pobres	2,23%	0,73%	4,34%
Resto	2,35%	2,84%	1,64%
Mundo	**1,53%**	**1,37%**	**1,76%**

Fuente: FMI y elaboración propia.

2. El crecimiento económico del mundo

Entre 1990 y 2007, el PIB mundial se ha más que duplicado(tabla 1.3) ha pasado de 21,9 billones de dólares a 59 billones de dólares en el año 2007. Por tanto, ha crecido 37,1 billones de dólares corrientes, lo que significa un 6,1% acumulativo anual. También en el aspecto de producción, el siglo XXI ha sido mucho más productivo que los últimos años del siglo XX. Durante los primeros siete años de este siglo, el crecimiento ha sido del 7,3% acumulativo anual. Dicho de otro modo, del total del crecimiento del PIB mundial en dólares, 25,4 billones corresponden a los siete últimos años del período total estudiado, y solo 11,7 a los diez años anteriores. En números índices, es decir tomando un índice que valiera 100 en el año 1990, es de 270 el valor del índice en el año 2007, mientras que dicho valor en el año 2000 era solo de 153.

Cuando se toma en consideración la inflación, la situación cambia, pero de todas maneras el período ha sido muy productivo, el mayor de la historia de la humanidad desde que hay estadísticas fiables. Para determinar el crecimiento real, hemos tomado como referencia el deflactor de dólar, ya que en principio la cotización de las divisas ha debido tener en cuenta, en tan largo período, las diferentes inflaciones de los distintos países, y también el hecho de que todos los datos estén en dólares, es decir, con tipo de cambio implícito que también recoge la inflación de cada país.

El indicador de inflación del dólar es de 147 en el conjunto del período, 123 en la década de 1990-2000, y 120 entre el año 2000 y el año 2007. La inflación media que tomamos en cuenta es relativamente similar en ambos períodos, ya que en el conjunto de los diecisiete años es del 2,3% acumulativo anual, un poco más baja entre 1990 y 2000, solo el 2,1%, y un poco superior desde que comenzó el siglo, 2,6% acumulativo anual.

TABLA 1.3.

PIB en dólares corrientes (datos en millones de dólares)

Grupos de países	**1990**	**2000**	**2007**
Desarrollados	17.078.188,00	24.308.511,00	37.399.033,00
Productores de petróleo	228.771,00	386.444,00	897.445,00
Islámicos pobres	585.225,68	722.922,84	1.684.279,20
En vías de desarrollo en el mundo	3.218.346,71	6.522.720,82	14.681.434,95
En vías de desarrollo en Europa	260.526,00	412.232,00	1.200.323,00
Resto	524.467,71	1.268.821,82	3.173.849,95
Total	**21.895.525,10**	**33.621.652,48**	**59.036.365,10**

Fuente: FMI y elaboración propia.

Teniendo en cuenta estos datos, el crecimiento real acumulativo anual del mundo ha sido del 3,63% en el conjunto del período 1990-2007, de solo un 2,5% en la primera década de este período y de un robusto 5,28% desde que comenzó el milenio. Esto significa que con el crecimiento medio del período 1990-2007 se duplica el PIB mundial cada veinte años, mientras que si tomamos la tasa de crecimiento del nuevo milenio, el PIB se duplicaría cada quince años (tabla 1.4.).

TABLA 1.4.

PIB en dólares constantes de 1990 (datos en millones de dólares)

Grupos de países	1990	2000	2007
Desarrollados	17.078.188,00	20.257.092,50	25.441.519,05
Productores de petróleo	228.771,00	322.036,67	610.506,80
Islámicos pobres	585.225,68	602.435,70	1.145.768,16
En vías de desarrollo en el mundo	3.218.346,71	5.435.600,68	9.987.370,72
En vías de desarrollo en Europa	260.526,00	343.526,67	816.546,26
Resto	524.467,71	1.057.351,52	2.159.081,60
Total	**21.895.525,10**	**28.018.043,74**	**40.160.792,58**

Fuente: FMI y elaboración propia.

Estamos hablando de crecimiento de países, no del PIB per cápita, del que hablaremos a continuación, pero en todo caso y aun teniendo en cuenta las desigualdades entre países y dentro de los mismos países, el mantenimiento de la tasa de crecimiento de los primeros siete años del milenio significaría que los próximos quince años es un plazo realista para erradicar la extrema pobreza y el hambre.

El crecimiento no ha sido homogéneo por grupos de países, como puede observarse en la tabla 1.5., de este capítulo, ni siquiera entre los dos subperíodos del estudio para un mismo grupo de países, donde, desde que comenzó el milenio, se han acelerado los crecimientos económicos sin ninguna excepción. Es un dato evidentemente positivo que este crecimiento haya sido aún mayor en los países en vías de desarrollo y en los que consideramos países pobres, es decir, los islámicos pobres y el grupo que llamamos resto del mundo. De continuar así las cosas, se conseguiría en pocas décadas un reequilibrio de la renta mundial por países, con todas las ventajas que esto reporta. Como veremos más adelante, la hipótesis más verosímil de la causa de este crecimiento acelerado ha sido la extensión y mayor profundidad de lo que se llama globalización en todos sus componentes, los cuales trataremos más adelante, en el próximo capítulo de este libro.

TABLA 1.5.

Crecimiento del PIB acumulativo anual por periodos (en dolares constantes de 1990)

Grupos de países	**1990-2007**	**1990-2000**	**2000-2007**
Desarrollados	2,37%	1,72%	3,31%
Productores de petróleo	5,94%	3,48%	9,57%
Islámicos pobres	4,03%	0,29%	9,62%
En vías de desarrollo en el mundo	6,89%	5,38%	9,08%
En vías de desarrollo en Europa	6,95%	2,80%	13,17%
Resto	8,68%	7,26%	10,74%
Incremento % mundo	**3,63%**	**2,50%**	**5,28%**

Fuente: FMI y elaboración propia.

3. El PIB per cápita: la medida del bienestar

Hasta ahora hemos hablado de naciones, tanto de su producto como de su población. Pero cuando tenemos en cuenta su situación económica y demográfica, hablamos de individuos, por supuesto de un individuo medio de cada uno de los grupos de naciones que hemos definido para la redacción de este libro. En la tabla 1.6., de este capítulo, podemos observar cuál ha sido el valor de la producción por habitante y año medido en dólares corrientes (sin tener en cuenta la inflación) de los seis grupos de países estudiados, y el de los años 1990, 2000 y 2007, además de un total mundial.

El PIB per cápita del mundo se ha duplicado durante estos diecisiete años, pero la evolución de los distintos grupos de países ha sido dispar. Están por debajo de la tasa media de crecimiento del período los países desarrollados, los productores de petróleo y los islámicos pobres, mientras que los otros tres grupos han crecido a ritmos superiores a la media del mundo. Conviene recordar que esos tres grupos que crecen mucho más que la media comprenden a más de la mitad de la población mundial, de hecho casi dos tercios de todos los habitantes del planeta, lo que es una excelente tendencia.

TABLA 1.6.

PIB per cápita en dólares corrientes

Grupos de países	**1990**	**2000**	**2007**
Desarrollados	21.332,83	28.375,61	41.700,42
Productores de petróleo	25.126,21	33.395,60	40.748,08
En vías de desarrollo en el mundo	1.217,14	2.146,86	4.503,53
En vías de desarrollo en la UE	2.351,74	3.815,62	11.263,66
Islámicos pobres	536,30	615,94	1.051,75
Resto	614,40	1.114,67	2.483,37
PIB per cápita mundial	**3.974,15**	**5.314,41**	**8.239,71**

Fuente: FMI y elaboración propia.

De todas formas, hay que constatar que las diferencias de PIB per cápita entre grupos de países siguen siendo abismales. El PIB per cápita del grupo de países desarrollados en el año 2007 es en torno a cuarenta veces el del grupo de países con individuos más pobres, el grupo de países islámicos pobres, y unas diecisiete veces más que la producción anual de los ciudadanos del segundo grupo de países más pobres, los que llamamos el resto del mundo. Y dejando a un lado a los países productores de petróleo, que generan una riqueza algo menor, el PIB per cápita de los países desarrollados es nueve veces el del grupo de países más prometedor, en cuanto a crecimiento del desarrollo, el que llamamos países en vías de desarrollo en el mundo. A pesar de todo, durante el período se han reducido distancias, ya que en el año 1990, el grupo al que llamamos países en vías de desarrollo en el mundo tenía un PIB per cápita dieciocho veces inferior al de los países desarrollados, y el grupo que llamamos resto del mundo disfrutaba de un valor de la producción individual en dólares corrientes treinta y cinco veces inferior al del grupo de países más adelantado.

En precios o dólares constantes, es decir, teniendo en cuenta la inflación, y como puede verse en la tabla 1.7., si prescindimos del efecto de la inflación, en el aumento de la valoración de la producción anual por habitante, el incremento medio del mundo ha sido solo del 41%, pero en los países de los grupos de resto del mundo, países en vías de desarrollo y países en vías de desarrollo europeos, el PIB per cápita ha crecido muy por encima de esa cifra, se ha multiplicado por más de dos en los tres casos. Recordemos otra vez que en esos tres grupos están comprendidos dos tercios de la población mundial. Además, los crecimientos de renta en niveles bajos proporcionan mayor nivel de bienestar que cuando una proporción parecida sucede en las rentas más altas. Los otros tres grupos han crecido por debajo, y un grupo, el de productores de petróleo, muy por debajo.

TABLA 1.7.

PIB per cápita en dólares contantes de 1990

Grupos de países	1990	2000	2007
Desarrollados	21.332,83	23.646,34	28.367,63
Productores de petróleo	25.126,21	27.829,67	27.719,78
En vías de desarrollo en el mundo	1.217,14	1.789,05	3.063,63
En vías de desarrollo en la UE	2.351,74	3.179,68	7.662,35
Islámicos pobres	536,30	513,28	715,48
Resto	614,40	928,89	1.689,37
Mundo	**3.974,15**	**4.428,67**	**5.605,24**

Fuente: FMI y elaboración propia.

Como puede apreciarse en las tablas 1.2. y 1.6., aunque el período que hemos considerado es de diecisiete años, subdivididos en un lapso de diez años y otro desde que comenzó el milenio de siete años, vemos que en lo que va de siglo XXI, la producción por habitante, y, por tanto, la renta por habitante, ha crecido más deprisa que en los diez años anteriores; la población ha crecido a ritmos similares en los dos períodos, aunque en la división final del período el grueso del crecimiento de población se debe a un solo grupo de países, los islámicos pobres. Precisamente en ese grupo de países, al tiempo que ha aumentado el ritmo del crecimiento de población también lo ha hecho el económico, con lo cual están prácticamente en los mismos niveles de 1990, mientras que el resto del mundo ha realizado grandes progresos. El período ha sido excepcionalmente bueno desde el punto de vista económico, como hemos indicado bastantes veces, y mucho mejor desde que comenzó el milenio, pero la situación en 2007 es todavía muy insatisfactoria en lo que se refiere a la distribución de renta.

La detención del proceso de crecimiento ocurrida en el año 2008 y la segunda mitad del año 2007 es una terrible contrariedad que interrumpe un proceso muy esperanzador. El análisis de la interrupción de este crecimiento y los sistemas para volver a esta senda tan positiva son uno de los propósitos de este libro.

4. La evolución del comercio mundial, la medida de la globalización

En un período de desarrollo económico y de desarrollo de la globalización, es natural que el comercio mundial crezca, y además debe hacerlo a ritmos superiores a los del PIB. Según ya advertía en el siglo XIX el economista británico David Ricardo, el comercio mejora la productividad de todos los agentes involucrados, vendedor y comprador, y por tanto es uno de los factores del crecimiento económico. Efectivamente, entre 1990 y 2007, según se puede constatar en la figura 1.2., el comercio mundial se ha multiplicado por cuatro, mientras que el PIB lo ha hecho en poco más de dos veces y media, en concreto 2,6 veces.

FIGURA 1.2.

Índice de crecimiento de las exportaciones mundiales (1990 = 100)

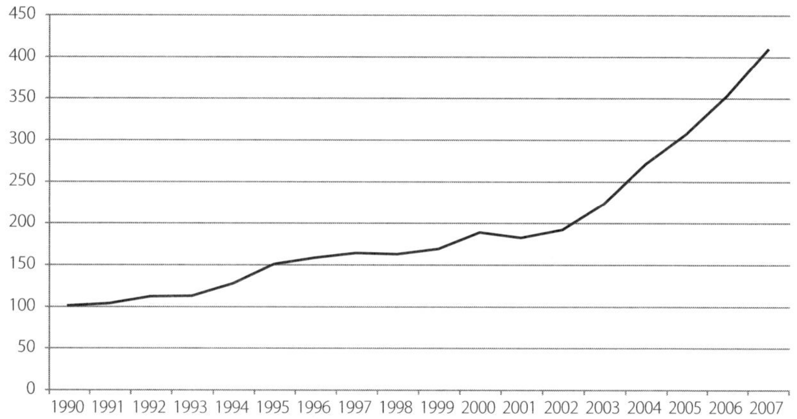

Fuente: FMI y elaboración propia.

Una vez más, el ritmo de crecimiento es mucho más grande en los siete años transcurridos del siglo XXI que en los diez precedentes. También queda de manifiesto una de las aseveraciones de este libro, la importancia de la globalización.

Pero estos crecimientos no se dan de manera homogénea, y por tanto se generan déficits comerciales y superávits por países e incluso por grupos de países. Hay grupos de países que necesitan que les presten dinero de manera sistemática para pagar el exceso de valor de sus importaciones frente a sus exportaciones de bienes y servicios, que es lo que se llama normalmente la balanza corriente. Por el contrario, hay otros grupos de países que exportan más que importan, y que deben financiar las compras de sus clientes. Y la estabilización de estos desequilibrios no se realiza de una forma intuitiva o sencilla, sino a través de mecanismos financieros internacionales, muy sofisticados y que lo serán aún más en el futuro. Trataremos estos mecanismos más adelante en este libro, ya que han constituido uno de los factores responsables del gran crecimiento de la que se llama economía financiera.

Echando un vistazo a los déficits comerciales, da la impresión de que los déficits acumulados entre los años 1990 y 1999 eran relativamente pequeños teniendo en cuenta el error estadístico, mientras que los déficits y superávits de 2000 a 2007 son mucho más significativos. La acumulación de reservas de los países productores de petróleo tiene una respuesta evidente en la subida del precio del crudo. El superávit impresionante acumulado de los países del grupo que llamamos países en vías de desarrollo, ya sean de todo el mundo o de la Unión Europea, se debe sin duda a su energía exportadora. El enorme déficit de los países desarrollados no tiene otra explicación que ser debido a que el sistema financiero internacional era capaz de financiarlos.

La necesidad de financiación de los déficits acumulados se puede contemplar de manera más explícita si tomamos en cuenta solo los déficits de los países y no los superávits de países del mismo grupo. De esta manera, podemos apreciar más claramente el esfuerzo financiador de los déficits sistemáticos. En la tabla 1.8. presentamos los datos sumados entre los períodos 1990-1999 y 2000-2007 de los déficits, y solo los déficits del mundo, presentados por grupos de países.

TABLA 1.8.

Déficits comerciales acumulados: 1990-1999 y 2000-2007 (en miles de millones de dólares)

Grupos de países	1990-1999	2000-2007
Desarrollados	−2.262.329	−6.451.176
Productores de petróleo	−147.461	−60
En vías de desarrollo en el mundo	−609.789	−387.113
En vías de desarrollo en la UE	−113.201	−318.747
Islámicos pobres	−177.767	−109.880
Resto	−310.372	−256.636
Total	**5.314,41**	**8.239,71**

Fuente: FMI y elaboración propia.

Visto de esta manera, la que figura en la tabla 1.8., las necesidades de financiación de los países con déficit se han multiplicado por casi dos en los siete primeros años del siglo XXI, sobre el existente en los diez últimos años del siglo XX. Y además este aumento ha sido provocado en su enorme mayoría por los países desarrollados y los nuevos países adheridos a la Unión Europea, que aquí llamamos países en vías de desarrollo de la Unión Europea. El resto de grupos de países ha mejorado su situación de un período a otro.

El déficit de los países desarrollados está provocado por solo unos pocos países. El primero en importancia es Estados Unidos, que en el año 2007 fue responsable de más de la mitad del déficit acumulado por las economías desarrolladas; otros déficits sistemáticos y de importancia son: Australia, el Reino Unido y los cuatro países de la Unión Monetaria del Sur, es decir, España, Italia, Portugal y Grecia. Si a ello añadimos los países incorporados recientemente a la Unión Europea, tenemos que el 85% de las necesidades de financiación del conjunto mundial proceden de Europa y Estados Unidos.

Respecto a este tema es importante señalar que una parte considerable de las necesidades de financiación se ha logrado porque muchos de estos países tienen o pertenecen a una moneda que se considera de reserva, y por tanto les permite financiar el déficit. Cuando los países productores de petróleo o los países en vías de desarrollo de todo el mundo tienen superávit en sus cuentas con el exterior, invierten dicho dinero excedente en activos en monedas de reserva, fundamentalmente el dólar, pero también el euro e incluso la libra esterlina. La compra de activos financieros a corto plazo, que son la base de sus reservas, permite reciclar los déficits a cambio de créditos en los países que tienen necesidad de ello, año tras año. Mientras el sistema no tenga interferencias, este procedimiento de financiación puede durar mucho tiempo, como ha ocurrido en los años previos a 2007, pero en sí mismos llevan la semilla de la explosión financiera, que termina apareciendo tarde o temprano. Efectivamente, las monedas de reserva son tanto o más apreciadas cuanto menos abundantes. Cuando tienen una minusvalía, dejan de ser de reserva en el sentido estricto de la palabra.

Así pues, el crecimiento de los últimos diecisiete años, y especialmente el de los últimos siete, presentaba una amenaza, debido a desequilibrios en las cuentas exteriores, que en muchos países de gran importancia no han sido cíclicos sino sistemáticos. Volveremos sobre este tema al tratar los problemas financieros actuales de la economía mundial.

2

Globalización Económica y Globalización Financiera

1. Globalización económica

Desde 1990 el desarrollo de la globalización ha sido espectacular, debido a acontecimientos que se han producido a lo largo de los últimos dieciocho años y que han permitido la integración, cada vez más profunda, de una economía de mercado más amplia y más libre de trabas e impedimentos para saltar fronteras. Ese es un proceso que se comenzó desde que terminó la Segunda Guerra Mundial, pero solo en los países de la Organización para la Cooperación y el Desarrollo Económico (OCDE) había tenido efectos destacables antes del año 1990. Desde esa fecha hasta hoy en día, no solo se han incluido muchos países al proceso, incluso las naciones más pobladas del mundo, sino que además ha habido un proceso tecnológico que permite la comunicación de una manera rápida y eficaz entre todos los países de la Tierra.

1. En la llamada Ronda Uruguay, que comenzó hacía el año 1986, después de un largo proceso de gestación, se reunieron la mayoría de los países del mundo. Su objetivo era mejorar los intercambios comerciales

entre todos los países y acabó siendo un hito importantísimo de la llamada globalización.

Una de las consecuencias de la Ronda Uruguay fue la creación de la OMC, que sustituyó al viejo General Agreement on Tarifs and Trade (GATT, por sus siglas en inglés), creado en las conferencias de Bretton Woods, celebradas tras la Segunda Guerra Mundial. Este organismo, además de seguir promoviendo las rebajas de los niveles arancelarios y otras dificultades que interrumpen el flujo comercial, realiza una actividad didáctica sobre las ventajas del libre comercio y proporciona datos sobre los intercambios internacionales.

Más recientemente se ha iniciado una nueva ronda de negociaciones, en este caso con base en la ciudad de Doha (Qatar), sobre aspectos importantes de la unificación de las legislaciones sobre propiedad intelectual y sobre materias agrícolas; principalmente, la libertad de acceso a los mercados, que tiene que ver con la existencia de cupos y las subvenciones exageradas a la producción agraria en los países desarrollados. Las negociaciones continúan y probablemente la actual crisis no hará más que precipitar sus conclusiones, o al menos debería ser así.

En realidad, aunque se llama en general Ronda Doha, se celebra cada dos años en una ciudad distinta desde el año 2000.

Los trabajos para retirar los obstáculos al comercio internacional tienen una larga trayectoria, y aunque no se han terminado todavía, sobre todo para el comercio libre de agricultura y servicios, el proceso de la liberalización del comercio está teniendo influencias importantísimas y muy positivas sobre la economía mundial.

2. A pesar de que los esfuerzos para levantar los obstáculos al comercio han sido muy importantes para la globalización, no han sido el único factor para el éxito del proceso. Tanto o más importante ha sido la incorporación de grandes espacios económicos al mercado global.

Tiene una enorme importancia la incorporación de la economía china, que ha pasado de ser una economía planificada centralmente a una economía de mercado. Esto se ha logrado de una manera eficaz, aun cuando no sigue exactamente el modelo de las llamadas economías occidentales. El mayor efecto de esta transformación se ha obtenido a partir de los años noventa del siglo pasado. Efectivamente, aunque Deng Xiaoping comenzó a reformar la economía china ya en la década de los ochenta del siglo XX, los efectos de dichas reformas solo tuvieron consecuencias importantes en los últimos años de la década y primeros de la siguiente, cuando ya el dirigente había desaparecido. El éxito fue tal que ningún dirigente del partido comunista de China de los que le han sucedido ha intentado detener el proceso. En todo caso, la apertura de la economía china aportó a la economía global, tal como está concebida, una enorme cantidad de población y un enorme potencial de crecimiento económico.

Si la incorporación de China ha sido muy importante, no lo ha sido menos la de los países que componían la Unión Soviética y el llamado bloque del Este, que renunciaron a la economía planificada poco después de la caída del muro de Berlín en 1989. De hecho una de las razones principales para elegir el año 1990 como el inicial para reunir los datos necesarios para escribir este libro ha sido precisamente este hecho histórico y lo que ello implica desde el punto de vista económico y financiero.

Los países del antiguo bloque soviético, incluida Rusia, se incorporaron a la economía de mercado a lo largo de un período de transición lleno de dificultades durante los años noventa.

3. La moneda única en el ámbito de la Unión Europea ha tenido también una notable importancia, sobre todo en lo que se refiere a la parte financiera de la globalización. Ha reducido el número de monedas con peso específico en el mercado mundial de divisas de manera drástica. El hecho de que hayan entrado en el euro monedas tan importantes como el marco, el franco, la lira, el florín holandés o la peseta, ha permitido establecer en el mundo una segunda moneda de reserva además del dólar. Así pues, la política monetaria del Banco Central Europeo se ha convertido en un factor determinante en las finanzas mundiales. La libra esterlina y el yen japonés han disminuido su importancia relativa en la política monetaria mundial, y monedas tan importantes como el franco suizo han tenido que convertirse en divisa de acompañamiento del euro. Por el momento, el yuan chino no está teniendo el peso que sin duda tendrá en el futuro, ya que la economía que le acompaña, a pesar de su creciente importancia, es aún demasiado pequeña si la comparamos con el respaldo económico del dólar o el euro.

4. El desarrollo de las llamadas TIC o Tecnologías de la Información y la Comunicación (telefonía, televisión, Internet y ordenadores) ha sido un factor tan importante o más que los anteriores en lo que se refiere al fomento de la globalización.

Aunque la televisión y la telefonía fija eran ampliamente usados antes del año 1990, la telefonía móvil, los ordenadores personales e Internet tuvieron sus primeros desarrollos comerciales precisamente a comienzos de la década de los noventa y experimentaron una explosión en su utilización entre el final de esa década y sobre todo desde el comienzo del milenio, como podemos observar en la tabla 2.1.

TABLA 2.1.

Evolución del uso de Internet en el mundo (datos en millones de usuarios)

REGIONES	Año 2000		Año 2008		Incremento usuarios
	Usuarios	% del total	Usuarios	% del total	2000-2008
África	4,5	1,25%	54,2	3,44%	1204,4%
Asia	114,3	31,70%	650,4	41,31%	569,0%
Europa	105	29,12%	390,1	24,78%	371,5%
Oriente Medio	3,2	0,89%	45,8	2,91%	1431,3%
América del Norte	108	29,95%	246,8	15,68%	228,5%
Resto de América	18	4,99%	166,4	10,57%	924,4%
Oceanía	7,6	2,11%	20,6	1,31%	271,1%
Total	**360,6**		**1570,4**		**436,6**

Fuente: Internet World Stats, www.internetworldstats.com.

El manejo de ordenadores, la comunicación a través de Internet y la comunicación desde cualquier lugar del planeta que aseguran los distintos tipos de telefonía móvil (con capacidades crecientes en la transmisión de datos e imágenes) permiten en su conjunto formas nuevas de actividad económica deslocalizadas con centros de operaciones y producción alejados entre sí y solo comunicados por TIC.

El uso de Internet, que estaba en sus comienzos a principios de los años noventa y que tenía entonces una importancia social nula, creció de manera importante hasta el año 2000, en que había cerca de 400 millones de usuarios de la red en todo el mundo, frente a los pocos miles de personas dedicadas a la investigación que lo utilizaban a principios de la década de los noventa. Pero desde el comienzo del nuevo siglo ha experimentado un crecimiento explosivo, tanto, que a finales del año 2008 había ya 1.600 millones de usuarios. Si seguimos al ritmo de crecimiento de los últimos ocho años, en el año 2016 prácticamente todos los habitantes del planeta serán usuarios en mayor o menor medida de Internet.

Por supuesto, ser usuarios de Internet implica la utilización de un ordenador o un móvil con acceso a Internet. Las caídas del precio de los ordenadores y la cada vez más amplia utilización del móvil hacen creíble la previsión para 2016.

Como podemos ver en la tabla 2.1. la penetración de Internet es bastante dispar y oscila entre el 73% de Norteamérica, y el 6% de África. Teniendo en cuenta que los menores porcentajes de utilización se registran en zonas poco desarrolladas económicamente, el abaratamiento de los ordenadores y otras formas de hardware será un factor decisivo para su adopción en estas áreas. De hecho ya está ocurriendo, con los ordenadores portátiles de menos de 400 euros y con varias maneras de conectarse a Internet o, mejor dicho, a las redes de telecomunicaciones. Este sería un factor que los incluiría en la globalización, y también, según una de las principales conclusiones que hemos sacado al realizar este libro, en la senda del crecimiento económico.

La televisión ha sido otra de las tecnologías de la información que ha tenido una gran importancia, es de las más difundidas a nivel mundial y su efecto en la globalización no es en absoluto desdeñable. Según proclaman la mayoría de los sociólogos, en lo que califican efecto demostración, es decir, mostrar el modo de vida de las economías desarrolladas al resto del mundo, con el consiguiente efecto de emulación.

2. Globalización financiera

Durante los diecisiete años de nuestro análisis, el sector financiero ha experimentado un espectacular desarrollo, que ha provocado que algunos analistas lo acusen de ser culpable de una economía especulativa muy alejada de la economía real. Es cierto que ha crecido muy rápidamente, pero hay que examinar por qué ha sido así y que hay de cierto en esas aseveraciones, analizando los factores del crecimiento de las finanzas uno a uno.

1. El primer factor en importancia de este crecimiento de las finanzas ha sido sin duda el enorme crecimiento del PIB mundial en términos monetarios. Esto daría por lo menos pie a pensar en un incremento paralelo de la actividad financiera. Por supuesto es un factor, pero no es

el único, ya que el crecimiento de la actividad financiera ha sido mucho más intenso que el crecimiento del PIB.

2. El segundo punto que entendemos que ha beneficiado el enorme crecimiento del sector financiero ha sido ya analizado en el primer capítulo de este libro. Como ya hemos dicho, los déficits corrientes de muchos países e incluso regiones han precisado de una financiación creciente año a año, en la medida en que los déficits se acumulaban hasta suponer una cuantía enorme, de varios billones de dólares, de cerca del 20% del PIB mundial. Por tanto, el sector exterior ha precisado de una mayor financiación, que también ha evolucionado con mayor rapidez que el aumento del PIB.

3. Por su parte, el sector público ha necesitado también una importante financiación y, aunque no haya crecido tan velozmente como el PIB en estos años, lo ha hecho de manera relevante o estimable. En lo que se refiere a los países no desarrollados, la cifra destacada es precisamente la deuda exterior, ya que en estos países el ahorro interno no permite financiar grandes cantidades de deuda. El valor de su deuda emitida en el exterior alcanzó los 2,5 billones de dólares en el año 2007.

En el conjunto de la Unión Europea, desde el año 2000 al 2007, la deuda viva no ha crecido en mayor proporción que el PIB, pero tampoco ha disminuido como hubiese sido deseable y como teóricamente pretendían los gobiernos. En total, en estos momentos, la deuda pública de los países de la Unión Europea supone unos 9 billones de dólares.

Una cantidad similar era la deuda viva de Estados Unidos en el año 2007, tras unos años en los que ha crecido mucho más rápidamente que el PIB. Y entre Japón, que tiene una deuda similar a dos veces su PIB, y el resto de los países de la OCDE, existe una cantidad aproximada de 10 billones de dólares de deuda más. Por tanto, la deuda pública total del mundo asciende al menos a 27 billones de dólares, que probablemente es más del doble de la cantidad viva de deuda pública en 1990, cuando no existían criterios de control de la deuda. Es decir, existe un saldo vivo de deuda pública de la mitad del PIB mundial del año 2007.

4. Otro tipo de endeudamiento que ha crecido de manera casi explosiva ha sido la deuda de las familias, especialmente la deuda hipotecaria.

En la Unión Europea, la deuda hipotecaria ha crecido de 2,75 billones de euros en 1998 a 6,4 billones en 2007, es decir, se ha más que duplicado. Por su parte, en Estados Unidos la deuda hipotecaria se había ya cuadruplicado entre 1990 y 2005, y en 2007 alcanzó una cifra de 10 billones de dólares, o sea, como el 70% del PIB estadounidense. En Japón, el mayor valor de las deudas hipotecarias fue precisamente hacia 1990, cuando llegó a alcanzar los 20 billones de dólares, unas seis veces el PIB del país de aquel año, el punto álgido de la enorme burbuja de activos que sufrió el país del Sol Naciente, y de la cual aún no se ha recuperado. Y aunque desde entonces ha mejorado mucho la situación, aún sigue en niveles insanos y lastrando enormemente su potencial de crecimiento.

En el resto del mundo, solo en los países con tipos de interés relativamente bajos ha crecido la financiación hipotecaria, y esos tipos de interés accesibles solo se han producido en años muy recientes, por tanto, la acumulación de deuda hipotecaria no ha sido tan importante como en los países desarrollados. De todos modos, creció muy rápidamente en los años anteriores a 2007, y era también insostenible a medio plazo.

3. Los mercados financieros

Pero, sin duda, uno de los factores que más han influido en el boom financiero ha sido el crecimiento espectacular de los mercados de activos financieros, tanto de renta fija como variable, que se ha manifestado no solo en el volumen de las transacciones, sino en el aumento de mercados nuevos en países que carecían de ellos. Por ejemplo, el mercado chino o el de los países de Oriente Medio. Como es sabido los mercados transan no solo las nuevas emisiones, sino también los activos ya emitidos.

Los mercados financieros son de tres tipos: los de renta fija y de derivados de renta fija; los de acciones y sus correspondientes derivados, y, en tercer lugar, los monetarios y de divisas. Los mercados de renta fija y sus derivados no solo han crecido por las emisiones de renta fija pública y corporativa, sino también por la transformación en valores transmisibles de los créditos y las hipotecas y por los dinámicos mercados secundarios que se han creado teniendo como activos básicos los anteriores (renta fija pública, renta fija privada o deuda corporativa y titulizaciones hipotecarias o de créditos corporativos normales).

a) Los mercados de renta fija y sus derivados

Hay un término que se ha escuchado mucho en los años recientes, pero que no es evidentemente reconocible ni por el gran público y a veces ni siquiera por algunos profesionales de los mercados financieros: las titulizaciones de todo tipo. Una titulización típica es un instrumento legal que, por una parte, compra un número importante de hipotecas u otras deudas y emite unas obligaciones (deuda a medio y largo plazo) para financiar dicha compra que dan un rendimiento o interés anual, más o menos paralelo al de las hipotecas o deudas que las componen. Es decir, a medida que van venciendo las deudas o hipotecas, vencen los títulos de esta deuda, y los tipos de interés que reportan son similares. Aunque los rendimientos y los vencimientos son variados, lo que fundamentalmente se compra es la propiedad de un conjunto de activos de deuda, que vence en plazos diferentes, tiene rendimientos distintos, e incluso comprende garantías diferentes. Unas se pueden agrupar según vencimiento y con un riesgo que es el propio de las hipotecas o deudas adquiridas para realizar la titulización, sin ningún diferencial. Es decir, cuando falla (alguien deja de pagar su hipoteca o deuda), se distribuye el posible quebranto o merma de ingresos y valor entre todas las emisiones de títulos realizadas sobre los activos de deuda. Otro sistema es emitir dos tipos de títulos, unos por un porcentaje del orden del 70%, por ejemplo, y se dice que son inmunes a los quebrantos por impago, y al restante 30% se le imputan todos los quebrantos procedentes de impagos para liberar de riesgos al 70% anterior. La primera emisión, el 70%, tiene la mayor calificación crediticia, y el 30% restante refleja todos los riesgos del conjunto y por tanto rinde un mayor tipo de interés para hacerla atractiva por el riesgo que se corre.

De una manera similar, pero menos extendida, se hacen titulizaciones con los créditos bancarios a empresas. También se recolocan créditos mediante los llamados derivados de crédito, que son emisiones que hace el mismo banco que otorgó el crédito y que están garantizadas de manera especial por un conjunto de pólizas de crédito. Lo más habitual en este tipo de titulizaciones es que el riesgo se traslade directamente y en su totalidad a los derivados de crédito.

Otro tipo específico de instrumento financiero es lo que se llama «repo» (*repurchase agreement*, o acuerdo de recompra) de deuda pública, que en España también se denomina «doble», que es término correcto en español, ya que la entidad emisora lo que hace es vender en el presente o al contado y comprar en el futuro a un valor mayor. Eso significa lo mismo para el comprador que un depósito a plazo con mayor garantía, ya que si el banco falla y no la recompra en el plazo establecido en el contrato de repo o doble, se queda con la deuda que hay debajo de este instrumento financiero, que en principio tiene el mínimo riesgo posible. La popularidad de este sistema se debe a dos factores: al hecho de que en el peor de los casos se tiene seguro el retorno de la inversión, aunque sea a un plazo un poco distinto del que interesaba al inversor y que reflejaba la repo o doble, y a que tiene una flexibilidad total de vencimiento, desde un día hasta años, aunque la deuda en la que se basa la repo o doble tenga un plazo de vencimiento mayor o mucho mayor.

Las titulizaciones y los repos en general tienen varias características muy interesantes para todos los intervinientes en los mercados financieros. Para los emisores tiene gran importancia el hecho de que algo por lo que ya han cobrado una comisión y que limita su capacidad de créditos nuevos, produzca una nueva comisión, además de sacar dichos créditos de su balance; es decir, recuperan a un plazo muy corto el dinero prestado, aunque aún conserven parte de su riesgo, con lo cual pueden volver a emplear dicho dinero en unos nuevos créditos que de otro modo habrían tenido que esperar al vencimiento de los originales que componían la titulización. Al Estado o gobierno de turno, les permite colocar mayores cantidades de deuda pública en el sistema bancario, que se financia a través de depósitos especiales sin ningún riesgo. Naturalmente, esto implica la utilización del ahorro de las familias y empresas, incluidas las del exterior del país.

Estas prácticas permiten incrementar la importancia del sector financiero más allá del volumen de emisiones vivas, de distintos instrumentos de deuda y de los distintos plazos. Habría que añadir todavía las actividades y los mercados específicos que se utilizan para evitar el riesgo, bien sea de tipos de interés, bien sea de impagos. Se utilizan productos derivados para evitar el riesgo de tipos de interés y se utilizan seguros para cubrirse del riesgo de impago, tanto de las hipotecas como de los créditos y de la deuda corporativa. Esto ha hecho florecer mercados más o menos transparentes, sobre los que volveremos al tratar de los mercados de valores o bolsas.

b) Los mercados monetarios y de divisas

Un mercado de enorme volumen es el del cambio de divisas. Desde 1972, en que dejó de funcionar el patrón cambio oro, los cambios de las diversas monedas se realizan en un mercado diario de volumen extraordinario, en el que se tienen en cuenta no solo los intercambios comerciales, sino también las necesidades financieras de los países y monedas implicados. Por supuesto, solo pueden ser objeto de mercado abierto aquellas monedas que tienen convertibilidad total, es decir, que los residentes del país donde se emite dicha moneda tengan libertad para comprar o utilizar cualquier otra divisa o moneda del mundo. A partir de ahí, las monedas menos convertibles establecen durante algún período tipos fijos o variables en función de sus propias posibilidades.

Naturalmente, las monedas más intercambiadas son las de mayor importancia en el mundo —el dólar, el euro, la libra esterlina y el yen—, pero también el franco suizo y las monedas de países de la OCDE.

Además, hay un mercado muy activo de futuros sobre las monedas que se realiza en un tipo de mercado que se llama *over the counter* (un mercado no regulado y promocionado por cada entidad financiera que hace una negociación particular con cada uno de los compradores y sin obligación de comunicar los precios a ningún organismo regulador, cosa que queda a decisión de cada uno). Para establecer el valor futuro de una divisa, son muy importantes los tipos de interés de la deuda emitida en esa misma divisa, y que de algún modo la rige. Si tenemos los tipos de interés a un año de, por ejemplo, el dólar y el euro, podemos calcular la variación que como máximo registrará el cambio entre las dos monedas, y por tanto se puede fijar un precio basado en datos objetivos. Supongamos que el dólar tiene un tipo de interés del 0,5% anual, y el euro, del 1,5% anual, y tenemos un tipo de cambio en el momento del cálculo de 1,3 dólares por euro. Podríamos tomar un préstamo de 100 euros y comprar 130 dólares en bonos del tesoro americano a un año de plazo y, por tanto, tendríamos al final del año 130 multiplicado por 1,005, es decir 130,65 euros, y nuestro préstamo nos habría costado 100 por 1,015 es decir 101,5 euros; así pues, la relación a un año entre el euro y dólar se puede asegurar que sería de 130,65 dividido por 101,5; lo que nos da 1,28719212 dólares por euro, que es una cantidad que nosotros podemos asegurar a un exportador como tipo de cambio a un año. Este pequeño cálculo es el que delimita el mercado *over the counter*, ya que si el precio que te ofrece el intermediario financiero está claramente alejado, se puede tener la seguridad de que otro intermediario sí ofrecerá un precio más próximo.

Por último, existe un mercado intensísimo de dinero entre instituciones bancarias, el últimamente muy famoso interbancario, que fija un tipo de interés a varios plazos, y que fija distintas tasas para esos plazos; dicho conjunto de tipos a distintos plazos se denomina Euribor. Normalmente, el tipo a un año que fija esta cesta de ofertas de bancos se considera el de referencia hipotecaria, aunque no todas las hipotecas estén referenciadas al Euribor a un año. El papel fundamental de este mercado es ajustar la tesorería de los bancos a las necesidades de su balance; mueve cantidades ingentes de dinero, día a día, entre otras cosas porque se presta a muy corto plazo, a un día, a una semana, a quince días, a un mes, a dos meses, a tres meses, a medio año y a un año. Como en el anterior caso, este mercado tiene unos límites que por regla general no se traspasan, y que son los que fija el Banco Central Europeo, ya que presta por encima del tipo de interés acordado a un tipo que se denomina penal, y que está por encima del normal, y toma prestado a un tipo de interés inferior al normal. Entre ambos tipos, se sitúa normalmente el del Euribor. Por supuesto, en Estados Unidos, el Reino Unido y Japón hay un mercado similar al interbancario europeo que establece estos mismos tipos de interés para estas tres monedas.

Tanto el mercado de divisas como el mercado monetario realizan operaciones por el importe de miles de millones de euros al día. Y su funcionamiento es capital para valorar tanto las divisas como los tipos de interés, y sin su existencia los sistemas bancarios serían inviables como se conciben en la actualidad. Hemos podido observar en los últimos meses, en los que ha habido falta de confianza en el interbancario y hemos tenido durante unos días un mercado inexistente, que ello ha acarreado grandes problemas a los bancos.

c) Los mercados bursátiles

Pero los mercados financieros no solo se limitan a los de divisas, de renta fija y monetarios; es más, los de mayor popularidad son los mercados de acciones y los de productos derivados, cuya evolución desde 1990 era difícilmente imaginable al principio del período estudiado.

Según la Federación Mundial de Bolsas de Valores, la capitalización total de las bolsas mundiales, es decir, el valor de todas las acciones que cotizaban a finales de 1995, primer año del que se tienen estadísticas globales, era de 17,2 billones de dólares, de los que Estados Unidos aportaba prácticamente 7, la Unión Europea otros 4 y Japón 3,7. O sea, que la capitalización de los mercados de acciones de las tres principales áreas económicas suponía casi el 85% del total. También en la misma fecha, la capitalización total de las bolsas mundiales equivalía al 55% del PIB mundial de ese año.

En el año 2007, la capitalización total de las bolsas mundiales había crecido hasta los 60,9 billones de dólares, es decir, 3,5 veces más que en 1995. Y representaba el 103% del valor del PIB mundial. En ese momento la capitalización de Estados Unidos era de unos 20 billones de dólares, la Unión Europea aportaba otros 16 billones, y Japón, 4,3 billones. Eso significa el 66% del valor total de las bolsas, que pese a los enormes avances de las bolsas de Estados Unidos y de la Unión Europea, supone un descenso porcentual sobre el total mundial de gran importancia.

La diferencia entre la situación de 1995 y la de 2007 se debe al sorprendentemente alto crecimiento de las bolsas en los países en vías de desarrollo, especialmente en la India, Corea, China, Brasil y Singapur. Seguramente Rusia ha seguido el mismo camino, pero no existen datos públicos que lo atestigüen.

Por supuesto, las transacciones bursátiles no han crecido en la misma proporción, sino de manera mucho más pronunciada. Si el valor de capitalización se ha multiplicado por 3,5 veces, el valor de las transacciones se ha multiplicado por más de 10. Por lo que no solo han crecido en número de empresas y valor de las mismas, sino sobre todo en cuanto a interés de los inversores, en unos años en que se ha popularizado mucho la renta variable entre los ciudadanos del mundo.

Pero no solo han crecido los mercados donde se cruzan las acciones, sino que a lo largo de este período, en casi todos los países, se han creado mercados de productos derivados, que se refieren no únicamente a las acciones, sino también a los índices bursátiles y la renta fija.

Se llama producto derivado a un activo financiero cuyo valor depende de la cotización de otro activo financiero. Los productos derivados fundamentales de la renta variable son los futuros y las opciones, y en el caso de la renta fija, además de los dos anteriores, son los *swaps*, los *caps* y los *floors*.

1. Se denomina futuro un contrato por el que se compra o vende un valor a un plazo determinado en el futuro, por un precio que se fija en el presente en el momento de formalización o suscripción del contrato; así pues, el inversor gana o pierde dependiendo de si el valor cuando llegue el final del plazo es superior o inferior al fijado a la firma del contrato. Hay futuros sobre índices bursátiles (un índice es un resumen del valor de todas las acciones que están incluidas en el mismo), sobre valores de renta fija (normalmente la deuda pública) y sobre acciones de una sola compañía.

Supongamos que una empresa cotiza 100 en el momento de suscribir o firmar un contrato de futuro, y un inversor compra con un precio de futuro de 103 a un año. Si la cotización de la acción de la empresa vale 108 al final del período de un año, el inversor que compró el futuro habrá ganado 5. Al mismo tiempo hay alguien que ha vendido dicho futuro, porque como en toda transacción existe uno que lo vende y otro que lo compra, el que ha vendido a ese precio es el que pierde los 5. Sin embargo, y esto es algo muy importante que hay que entender, el que vende puede cubrirse comprando las acciones en el momento de la firma del futuro a un valor de 100 y pidiendo un crédito para pagarlas, con lo que, si le cuesta menos del 3% anual, también habrá conseguido ganar dinero. Por supuesto, el valor del futuro tiene que ver con esta posible operación, que podríamos calificar como arbitraje (normalmente los arbitrajes ordenan los mercados), y por tanto el valor en el futuro tendrá que ver con el precio de la acción hoy más el tipo de interés a un año.

2. Una opción es un contrato legal por el cual un inversor tiene el derecho a comprar o vender una acción en el futuro a un precio determinado en el momento de firmar el contrato de opción, y, a cambio de pagar una prima, podrá ejercer el contrato de opción al vencimiento, si le conviene, o no hacerlo, si le perjudica. En el primer caso, que le convenga, quiere decir que las acciones valen más de lo que él había convenido en el contrato y por tanto se gana la diferencia entre el precio inicial y el real de mercado en el momento del vencimiento. En caso de no convenirle, únicamente pierde la prima pagada a la firma del contrato. Esta opción que hemos descrito es lo que se llama una opción *call*, que es la que da derecho a comprar. Como en el caso anterior, la compra de una opción *call* implica que alguien la venda, y que a cambio del cobro de la prima pagada por el comprador, tenga la obligación de atender a la demanda del comprador si esta se produce.

También existen opciones *put*, que dan derecho a vender un activo o una acción a un precio fijado a la firma del contrato, y a vender o no, según le convenga, un activo o acción en el futuro, a cambio de pagar una prima cuando se compra la opción *put*. Igualmente tiene que haber tanto un vendedor como un comprador del contrato de opción *put*; el primero está obligado a atender la demanda del segundo en la medida que este lo demande.

De la misma forma que en el caso de los futuros, el que vende una opción *call* o *put* puede cubrirse del riesgo que esto implica siguiendo unas fórmulas establecidas, que significan comprar o vender la acción en el mercado a lo largo del período de vigencia del contrato de opción.

Existen futuros u opciones sobre índices bursátiles, y son además los más utilizados; de hecho, normalmente solo hay opciones y/o futuros sobre una parte de las acciones cotizadas en los distintos mercados. En el caso español únicamente se pueden tomar futuros y/o opciones sobre unos 50 valores de todos los que cotizan.

Tenemos también las opciones y futuros más habituales, que son los que se refieren a la deuda de distintos países, dada la utilidad de estos dos instrumentos financieros como cobertura de los posibles movimientos del tipo de interés. Para ello se toma una emisión tipo que no existe en realidad y que se llama nocional, y se establece claramente el valor de dicha emisión teniendo en cuenta los tipos de interés de referencia de las distintas monedas. Si una emisión nocional se considera que se ha emitido con un cupón (pago periódico de intereses) del 4%, significa que cotizará a valor 100 cuando el tipo de rendimiento de la deuda similar sea del 4%, y valdrá más de 100 si el tipo cae por debajo del 4%, pero valdrá menos si el tipo de la deuda es superior al 4%. Por tanto, el inversor en ese tipo de futuro u opción ganará o perderá según si el precio al que firmó el contrato sea superior o inferior al que resulte del cálculo teniendo en cuenta el tipo de interés real.

Para los futuros y las opciones existen los llamados mercados de derivados, que es una especie de bolsa en la que se registran los contratos (comprador, vendedor, precio, tipo de contrato y fecha de vencimiento) y se determinan las fechas de vencimiento, que normalmente solo ocurre una vez al mes, aunque los contratos sean a plazos muy distintos, desde meses hasta años. Al mismo tiempo, estos mercados garantizan la seguridad de los contratos, ya que, aunque cada compra significa una venta, el mercado es la contrapartida del comprador y del vendedor, desde el punto de vista de la solvencia, para lo cual exige las garantías que sean necesarias para hacer frente a las posibles pérdidas.

Existen además mercados *over the counter*, en los que, como ya hemos dicho anteriormente, el comprador y el vendedor se conocen y se fían uno del otro, no solo sobre opciones y futuros, sino sobre otros tipos de derivados, como son los *swaps*, los *caps* y los *floors*, que son contratos que garantizan futuros de tipos de interés, y que no explicaremos con mayor profundidad por no desviar la atención de este trabajo y porque existen muchos libros técnicos específicos de los mismos.

Como puede deducirse de la exposición que acabamos de realizar, la trascendencia de los mercados de valores ha crecido de manera extraordinaria, entre otras cosas porque los mercados de derivados, al tener en cuenta las posibilidades de cobertura, les han otorgado una importante liquidez en casi todas las plazas mundiales.

d) Las razones de crecimiento: El aumento del ahorro financiero

Este gran crecimiento de los mercados financieros y sobre todo de las deudas de base ha podido darse gracias al aumento impresionante del ahorro financiero, fundamentalmente de familias, pero también de empresas, en las economías desarrolladas.

Efectivamente, el ahorro de las familias no se limita solo a la posesión de su vivienda y en algunos casos a inversiones productivas (sobre todo de la actividad comercial de los trabajadores autónomos), sino que es de manera cada vez más importante de activos financieros.

Estos activos financieros de familias y empresas a los que nos referimos son de distintas clases. En primer lugar, están los depósitos a la vista y billetes que sirven para llevar a cabo las transacciones corrientes de día a día de familias y empresas. En segundo lugar los depósitos en entidades bancarias a plazos determinados y que son una forma de ahorro financiero desde tiempos muy antiguos. En determinados países los particulares tienen valores de renta fija, sobre todo deuda pública, comprados directamente, y que son una forma de ahorro financiero. Muchas familias poseen directamente acciones o valores de empresas cotizadas y no cotizadas por un gran importe. Últimamente, y de manera muy creciente, el ahorro se ha dirigido a instituciones de inversión colectiva, a fondos de inversión y sobre todo a fondos de pensiones, que aumentan con mucha rapidez en todos los países desarrollados. Por último, existen activos en forma de pólizas de seguros de vida con ahorro incorporado, que de no utilizarse se pueden rescatar. Esto es una partida de mayor importe de lo que normalmente se considera.

El total de todas estas partidas de ahorro financiero de las familias es un porcentaje muy alto de los distintos PIB nacionales, que en algunos casos llega a ser tres veces el PIB (como es el caso de Estados Unidos u Holanda) y que en los países que hemos clasificado como desarrollados rara vez es inferior al 100% del PIB.

Dado que las valoraciones de los activos comprados por las instituciones de inversión colectiva y las acciones oscilan, el conjunto tiene unas variaciones que incitan en algunos casos a gastar más o menos, en lo que se denomina el efecto riqueza. Es decir, cuando el valor de los activos de una familia crece, la propensión a consumir es mayor por mucho que no haya variado su renta anual (sueldo y otros ingresos), y tiene un efecto muy negativo sobre el consumo en momentos como el actual, en el que ha disminuido su valor.

3

La Situación Financiera al Comienzo del Verano de 2007

1. El dinero moderno: qué significa y cómo se crea

1. Como es sabido el dinero tiene varias funciones, la principal de ellas es que sirve para efectuar los pagos que liberan de las deudas. Pero también es un depósito de valor, ya que sirve en caso extremo como un activo de liquidez máxima, que permite por tanto valorar los patrimonios.

En el mundo actual, los billetes son el medio de pago en último extremo, ya que legalmente no se pueden rechazar como medio de pago de las deudas. Un acreedor no puede legalmente rechazar un billete como medio de pago de una deuda, y un vendedor tampoco lo puede rechazar como medio de pago de una compra.

Durante muchos siglos solo el oro o la plata eran los medios de pago aceptados por todos y por tanto válidos para servir de dinero. Los reyes acuñaban los metales para dar fe de su contenido, pureza y peso, y aprovechando esa situación emitían moneda fraccionaria en otros metales cuyo valor real era mucho más dudoso. Ya en el siglo XIX los bancos emitían billetes que no eran más que compromisos o promesas de entrega de metales preciosos, y que, teniendo en cuenta el buen nombre y solvencia del banco que los emitía, servían como sistema de pago más cómodo y barato que el siempre difícil manejo de los metales preciosos.

A principios del siglo XX, los gobiernos de los países occidentales hicieron que los billetes fueran efectivamente un medio de pago legal, ya que garantizaban que los pocos bancos (casi siempre solo el banco central del país) que emitían billetes tuvieran el respaldo legal y de solvencia necesario para que aquellos fueran aceptados por todos. Los bancos emisores, y los gobiernos a través de los bancos centrales, tenían una cierta cantidad de metales preciosos que respaldaba el valor de los billetes. A diferencia del siglo anterior, un ciudadano ya no podía acudir al banco emisor del billete y pedir el metal precioso que respaldaba su valor, tan solo lo podían hacer los bancos extranjeros en algunos casos. Entre los años veinte y treinta del último siglo del milenio pasado, había una mezcla de países con patrón oro y otros con emisiones de billetes solo parcialmente garantizados por metales preciosos. No es el momento de analizar los desajustes monetarios que estas prácticas comportaron, pero no fueron pocos.

Después de la Segunda Guerra Mundial, en la conocidísima conferencia de Bretton Woods, se estableció un sistema monetario de ámbito mundial, en el cual el dólar norteamericano se relacionaba con el oro con un cambio fijo, y todas las demás monedas estaban referidas al dólar y se mantenían en una paridad con la divisa estadounidense, en principio fija y garantizada por el volumen de reservas de oro o dólares de los bancos centrales de cada país. Sobre esta base se emitían billetes por parte de los bancos centrales, y comenzó a ser importantísima la cantidad de pagos realizados contra depósitos a la vista en los bancos, fundamentalmente cuentas corrientes, y en los últimos años cada vez es más frecuente que las cuentas de ahorro y a plazo se transformen en cuentas corrientes de manera automática, siempre que la deuda contraída supere el valor del depósito a la vista. Se pagó cada vez menos, no ya en oro excluido de la órbita de los ciudadanos, sino incluso en billetes, siendo cada vez más habitual el uso de cheques, transferencias bancarias y, en los últimos tiempos, de tarjetas de crédito.

En el año 1972, la relación entre el dólar y el oro se rompió, y las monedas empezaron a valer según lo que determinaban los mercados, teniendo en cuenta los flujos entre países en razón de compra-venta de bienes, de pagos de servicios, o de inversiones en capital.

Si se tiene en cuenta la importancia de las transacciones internacionales y el desarrollo de los mercados financieros, las transacciones entre países y el papel predominante de los depósitos bancarios fue cada vez más importante.

En la actualidad, en el conjunto de los países desarrollados, los billetes en circulación constituyen solo el 6% ó 7% del valor total de los depósitos en los bancos, que en realidad sirven como medios de pago; esa era al menos la proporción normal en el año 2007. Por tanto, bastante más del 90% de los medios de pago habitualmente utilizados son depósitos sobre los que se realizan pagos, por recibos que se pagan por el banco, cheques que se giran, transferencias que se realizan, tarjetas de crédito y otros tipos de instrumentos que sirven para cancelar deudas. Eso significa que en realidad lo que se hace al pagar es que se transfiere de un depósito de una persona a otro depósito de otra persona o empresa en el mismo banco o en otro. Y en los últimos tiempos, del mismo país o de otro país, cosa esencial para entender la globalización y muy poco común en el pasado.

2. Los depósitos en los bancos crecen o decrecen por los motivos que analizaremos a continuación. El más elemental es que los ingresos de empresas y familias se coloquen en el sistema bancario para realizar sus pagos, pero en principio no para aumentar sus ahorros, ya que en ese caso el dinero se coloca en otro tipo de depósitos a plazo o de ahorro, aunque, como ya hemos dicho, de ser necesario se convierten automáticamente en depósitos a la vista.

Si ese es un sistema por el cual aumentan los depósitos bancarios, hay otro que los hace incrementar por la propia actividad de los bancos. Efectivamente, cuando un banco concede un crédito, lo que hace es abrir una cuenta corriente a favor del prestatario o tomador del préstamo, que hace aumentar el balance del banco, en el activo del balance por el valor del crédito y en el pasivo del balance por el depósito. Si el prestatario o tomador del crédito efectúa pagos contra el crédito, cosa bastante habitual, ya que cuando se pide dinero es para gastarlo, disminuye el valor del depósito en el banco, pero se incrementan los depósitos en el resto de los bancos en prácticamente la misma proporción. Naturalmente, el banco que concedió el crédito tendrá que hacer frente a la disminución de sus propios medios de pago, ya sean depósitos en otros bancos (incluido el banco central), ya sea en billetes. Para reponer su tesorería en el caso de que fuera necesario, los bancos acuden a otros bancos o al banco central. Cuando van a otros bancos, el procedimiento normal es acudir al mercado interbancario, al cual van los demás bancos, incluidos aquellos que han sido favorecidos por el pago realizado por el prestatario o tomador del crédito, y tienen dinero o depósitos excedentes para prestar a los bancos de los que partió el primer pago. De ahí viene la principal utilidad del mercado interbancario, que permite un sistema de reparto de la liquidez, de tal manera que todos los bancos tengan la suficiente para llevar a cabo sus operaciones.

Para mejorar la liquidez, nuestro banco prestamista puede acudir también a las subastas del los bancos centrales (Banco Central Europeo, Banco de la Reserva Federal, Banco de Inglaterra...) de sus respectivas monedas.

Los bancos centrales dan liquidez en forma de depósitos en general, y por este servicio cobran un tipo de interés, que es precisamente el tipo de interés que se utiliza como referencia para toda la economía como coste del dinero o tipo de interés oficial. La magnitud de las subastas que se realizan periódicamente depende de la opinión del banco central sobre las verdaderas necesidades de liquidez del sistema financiero que gobierna y a veces supervisa. Por regla general, los bancos centrales exigen para prestar su dinero que el importe que se pide esté garantizado por activos del banco demandante del crédito, y que estos sean de la mejor calidad posible, lo cual garantiza por una parte el dinero prestado y por otra justifica al banco central que el dinero que pide el banco comercial se precisa porque la economía lo está demandando. El banco central puede determinar el dinero que quiere prestar o por el contrario determina un tipo de interés por debajo del cual no presta. Normalmente, los bancos piden diversas cantidades de dinero según el tipo de interés, y el banco central presta a todos aquellos que estén dispuestos a pagar por encima del tipo de interés que él da por válido y que en realidad es el tipo de interés oficial. En principio, el sistema que se utiliza en los últimos años permite crear dinero a medida que la economía lo demande a través de peticiones de crédito solventes, dada la profesionalidad de los bancos, ya sean para el capital circulante de las empresas, o ya sea para inversiones tanto de familias como de las empresas.

Por tanto, los medios de pago, que son fundamentalmente depósitos, aumentan por tres razones: por la necesidad de mayores medios de pago a medida que crece el PIB; en la medida en que crecen las inversiones y los créditos concedidos por los bancos, y en la medida en que el banco central suministra liquidez en caso necesario.

Hay que observar que cuando el tipo de interés es demasiado bajo o demasiado alto, la concesión de créditos se realiza más o menos según sea el nivel del tipo de interés, ya que si el interés es muy bajo, cualquier inversión es rentable si existe un mínimo crecimiento de precios, y si es muy alto, solo son rentables aquellas inversiones muy productivas.

Naturalmente, y eso es algo que estamos aprendiendo en nuestra propia carne en los años recientes, la disminución de créditos significa, el sentido inverso al que hemos seguido para explicar la creación de los medios de pago, la eliminación de los medios de pago en la medida en que se cancelan los créditos existentes. Por otra parte, el hecho de que los medios de pago, sean en una proporción altísima depósitos bancarios a la vista o transformables en depósitos a la vista explica la prioridad de los gobiernos de que la solvencia de los bancos no destruya de modo acelerado los medios de pago existentes, lo que provocaría el desplome de las transacciones y una caída desastrosamente espectacular de la actividad económica.

2. La importancia de los tipos de interés

1. En los últimos años, en realidad desde el segundo año del período de análisis considerado en este libro, en concreto desde 1992, los tipos de interés mundiales han llegado a uno de sus niveles más bajos de toda la historia, y durante el período de tiempo más prolongado también de la historia, ya que los mínimos anteriores se dieron antes de la Primera Guerra Mundial y en algún momento concreto de la posguerra de la segunda contienda mundial, pero siempre por períodos cortos de tiempo.

En el período 2000-2007, los tipos de interés han estado en niveles inferiores a la suma de la inflación más el incremento porcentual del PIB; es decir, a un nivel inferior al aumento porcentual del PIB a precios corrientes. En una primera aproximación el tipo de interés de un período de tiempo largo debería ajustarse a la inflación y el crecimiento del PIB en términos reales, por lo que podemos decir que hemos atravesado un período demasiado largo en el que los tipos de interés han estado por debajo de esta cota, que desde el punto de vista económico parece la racional.

FIGURA 3.1.

Estados Unidos: crecimiento del PIB *versus* tipos de interés

Fuente: Reserva Federal y elaboración propia.

Efectivamente, los bancos centrales han utilizado las políticas de tipos de interés como herramienta de la contención de la inflación. La inflación, como hemos visto en el primer capítulo, ha sido relativamente reducida, precisamente en razón de la mundialización de los procesos productivos y del progreso tecnológico que ha permitido inversiones relativamente baratas con respecto a otros momentos de la historia. La mejora de las comunicaciones y, en especial, la evolución de las TIC han permitido la globalización de procesos productivos haciendo que los costes salariales hayan crecido de manera muy limitada. Por ello, la inflación como tal se ha mantenido en límites reducidos como no se conocían desde antes de la Primera Guerra Mundial.

En la historia económica, los años a la Segunda Guerra Mundial y que terminaron a finales de los años ochenta han constituido el período inflacionista más importante que se recuerda. Los bancos centrales y el sistema financiero actual se crearon precisamente en esos años, y por tanto es normal que pusieran su acento en la inflación, sin tener en cuenta otros factores.

El ejemplo de Japón en los años noventa del siglo pasado debió advertir al mundo de los problemas que se crean en la economía real cuando explotan burbujas bursátiles e inmobiliarias. La burbuja de las empresas de Internet, también llamada la burbuja de las punto com, en el año 2000, debiera haber servido de aviso a los responsables de la políticas monetarias de que no solo había que vigilar la inflación, sino que tan importante o más era vigilar que no se crearan burbujas.

FIGURA 3.2.

España: crecimiento PIB *versus* tipos de interés

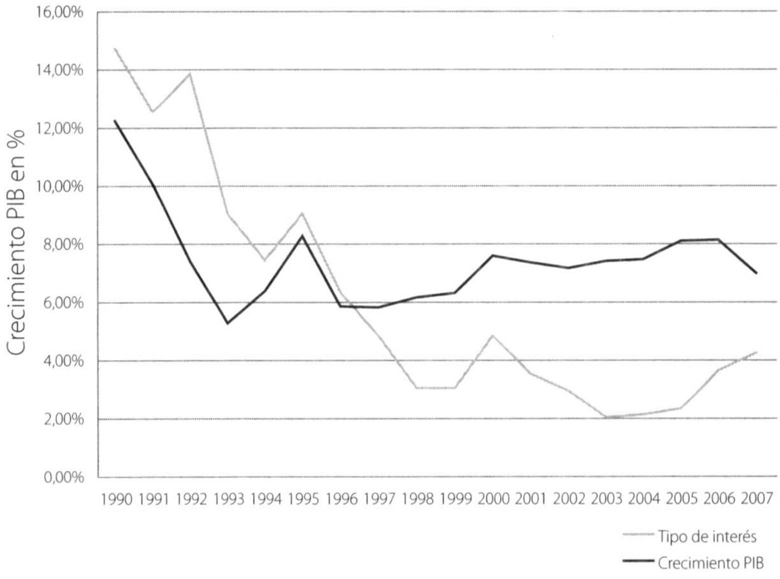

Fuente: Banco de España y elaboración propia.

2. Ha llegado el momento en el que conviene explicar qué es una burbuja, cómo se crea, y cómo debería afrontarse. Un burbuja, en el sentido financiero del término, es una situación en la que los precios de

algunos activos (activo es todo aquello que tiene valor monetario) crecen en valor durante un determinado período, y donde la inversión en estos se alimenta precisamente del crecimiento de su valor. Por ejemplo: el tipo de interés es bajo y por tanto la renta que puedo obtener alquilando una vivienda es superior al tipo de interés, lo que convierte a esta en una inversión rentable; este hecho a su vez hace crecer el valor de la vivienda por encima de lo que crece el alquiler que se paga por ella, con lo que los inversores empiezan a considerar más importante en el momento de comprar una casa el precio que obtendrán en el futuro que el rendimiento por alquiler que esta podría producir. Esto, a su vez, atrae a más inversores que al comprar casas sostienen de manera artificial el crecimiento de los precios, y en este punto la rentabilidad que se podría obtener al alquilar la casa tiene mucha menor importancia que los aumentos de precio. En algún momento los inversores racionales que buscan la rentabilidad por alquiler ya no la encuentran razonable y no invierten, con lo cual solo quedan en el mercado los inversores oportunistas y no los profesionales de sacar rendimiento al alquiler de casas. En este momento se van dejando de vender las casas y los precios moderan sus crecimientos. Y una vez que el mercado no es explosivamente alcista los inversores oportunistas intentan vender dichas casas a los inversores profesionales, que evidentemente solo pagarán un precio que les permita tener rentabilidad al alquilarlas. Y como las casas tardan mucho en construirse, cuando han dejado de ser interesantes para invertir, ya no hay vuelta atrás para las que están en producción y cuyos constructores las venderán por el precio que les paguen, que siempre está más cerca de lo que necesitan los inversores en vivienda para que sea rentable comprarlas para alquilarlas que el siempre más amplio precio que aguanta un inversor oportunista. Esta llegada de casas en un mercado ya con poco volumen empuja los precios drásticamente a la baja (por drástico entendemos bajada de precios en períodos muy cortos de tiempo y con bajos volúmenes de transacciones), en lo que supone el final normal de las burbujas; es decir, lo que se llama el estallido de la burbuja. Este proceso descrito para aquellos que invierten en casas como negocio ya sea de alquiler o de reventa, se aplica también a los que compran una casa para vivir, y para ellos los tipos de interés bajos han sido el gran premio de invertir en vivienda, que se potencia con la idea generalizada de que cuanto antes compres mejor, ya que en el futuro serán aún más caras, y por tanto hay un efecto riqueza de los que han comprado antes, que es contagioso para los nuevos compradores y una publicidad imbatible. Cuando estalla la burbuja contribuyen a la caída, sencillamente porque esperan que en el futuro sean más baratas.

FIGURA 3.3.

Japón: crecimiento del PIB *versus* tipos de interés

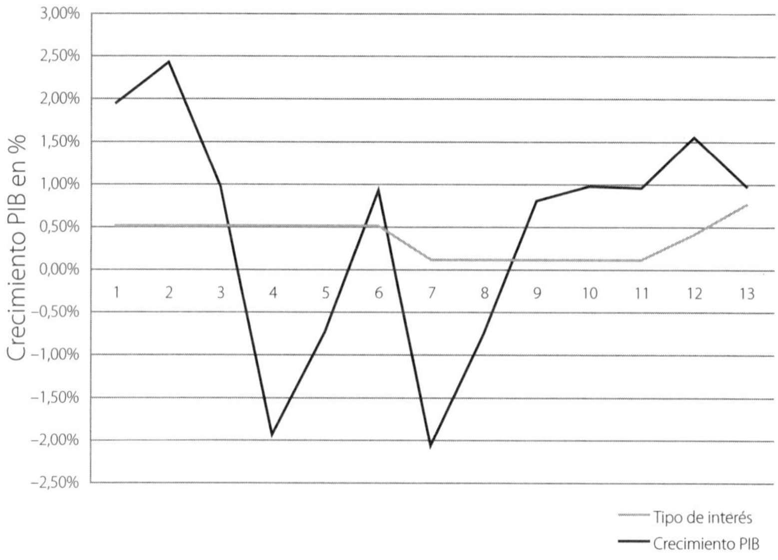

Fuente: Bank of Japan y elaboración propia.

Los bienes de inversión como son las viviendas se compran a crédito, por lo que figuran en los balances de los bancos prestamistas, que se encuentran con dificultades para cobrar las deudas hipotecarias cuando bajan los precios y el mercado se reduce, haciendo muy difícil o poco interesante la ejecución de las hipotecas, ya que la posterior venta de la vivienda embargada no cubrirá la deuda contraída por el comprador de la vivienda, además de potenciar las caídas de precios. Si las viviendas se compraran al contado, los efectos para el conjunto de la economía de una burbuja de precios de la vivienda serían mucho menores.

Del mismo modo que se producen burbujas en las viviendas, también ocurren procesos similares con el resto de activos de inversión, que fundamentalmente son acciones de empresas cotizadas o no cotizadas.

En el caso de las acciones, lo que atrae al inversor, a parte de las posibles subidas de precios, es que el dinero invertido renta más que el tipo de interés sin riesgo, vía beneficios empresariales y repartos de dividendos, por lo que una bajada de los tipos de interés hace que las acciones que producen beneficios y dividendos sean más interesantes para los inversores y por tanto puedan subir de precio. Como en el caso de las viviendas, los inversores racionales, que son muchos más de lo que se cree, llega un momento en que no consideran interesante la inversión en acciones, ya que el dinero que recibirán a través del reparto de beneficios empresariales es poco comparado con el riesgo de que las acciones bajen de precio y dejan un mercado plagado de inversores oportunistas que no se fijan en qué compran, sino en la posibilidad (para ellos, seguridad) de que valga más en un futuro próximo. Y también, como en el caso de las viviendas, la falta de inversores racionales que den fondo al mercado merma los futuros aumentos de precios, por lo que llega un momento en que para que vuelvan a entrar en el mercado los inversores racionales tiene que producirse un enorme recorte de precios, que tarde o temprano ocurre, y por tanto estalla la burbuja.

Pero los efectos del estallido de una burbuja bursátil son algo distintos para la economía. Una burbuja bursátil tiene en común con una inmobiliaria el hecho de que algunas empresas han comprado a otras financiándose a crédito, al igual que los compradores de casas, y en menor medida también hay inversores particulares que se han endeudado seriamente para comprar las acciones. Pero el verdadero efecto pernicioso de los estallidos de las burbujas bursátiles es que el coste de capital para las empresas aumenta de manera extraordinaria por el incremento del riesgo percibido por los inversores, y por tanto se frena la inversión en el conjunto de la economía. Este fenómeno particular del siglo XXI es especialmente relevante en estos momentos en que hemos visto que la importancia de las bolsas ha crecido de manera extraordinaria en todo el mundo.

FIGURA 3.4.

Mundo: crecimiento del PIB *versus* tipos de interés

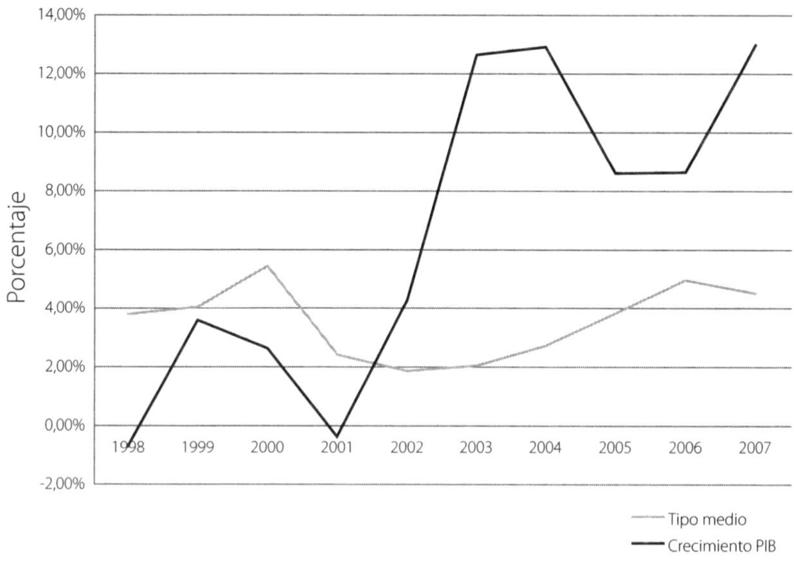

Fuente: Elaboración propia.

3. Cuando los tipos de interés son relativamente bajos, la concesión de créditos por parte del sistema bancario aumenta de manera extraordinaria, sencillamente porque muchos más créditos ofrecen garantías suficientes de devolución cuando el tipo de interés es mucho menor que el crecimiento de los beneficios en el caso de las empresas o de las rentas en el caso de las familias; conviene recordar que las familias tienen importantes cantidades de ahorro, que en épocas de tipos bajos mejoran mucho el valor del patrimonio de aquellas que sirve de garantía para los préstamos. Como ya sabemos, el aumento de créditos concedidos significa un incremento de los medios de pago del sistema o economía, y por tanto nuevas posibilidades de conceder créditos. Si no hay una política decidida por parte de los bancos centrales de drenar liquidez al sistema, los relativamente bajos tipos de interés alimentan la creación de burbujas. A este respecto nos parece que una política monetaria adecuada al futuro debería modificar al alza los tipos de interés cuando las garantías bancarias se basan en un valor creciente de los patrimonios tanto familiares

como empresariales, provenientes de importantes subidas de valor de las acciones y de los inmuebles. Creemos que es absolutamente necesario elaborar una teoría económica aplicable a la relación entre los tipos de interés, las valoraciones de activos y la creación de burbujas financieras. En las figuras 3.1. y 3.2. se muestra la diferencia entre los crecimientos del PIB a precios corrientes y el tipo de interés oficial del dinero en dos economías desarrolladas: Estados Unidos y España. Como se puede observar claramente en ambas figuras, las diferencias entre el crecimiento del PIB y la tasa de interés del dinero o tipo de interés son especialmente grandes en los cuatro o cinco años anteriores a que estallara la crisis de 2007.

Aunque no es más que un indicador, en la figura 3.4. se muestra la diferencia entre el crecimiento del PIB mundial en dólares y una media del tipo de interés oficial de las dos grandes monedas de la actualidad, el dólar y el euro, cuya situación influye en todos los países y en todos los tipos de interés de la distintas divisas. Aquí, una vez más, podemos observar una gran diferencia entre el tipo de interés y el crecimiento del PIB en los años previos al estallido de la crisis.

Por último, la figura 3.3., referente a Japón, nos muestra qué ocurre tras el estallido de dos grandes burbujas, una bursátil y otra inmobiliaria. La principal enseñanza que podemos sacar del mismo es que la bajada de los tipos de interés no funciona en absoluto tras el estallido de burbujas para mejorar la situación de la economía. Si observamos la figura 3.1. de la evolución en Estados Unidos, en el año 2001 la bajada de tipos de interés sí impulsó el PIB, que fue muy castigado por el estallido de la burbuja punto com.

3. Conclusiones

En el año 2007, la situación financiera del mundo presentaba síntomas muy inquietantes. Por una parte, había déficits importantísimos que financiar entre países, el crédito a familias y empresas había alcanzado niveles extraordinariamente altos. Ambas financiaciones se estaban logrando a través de un sistema financiero altamente eficaz, pero que estaba asentado sobre un ahorro que si bien había crecido mucho durante los veinte años anteriores, no lo hacía a tasas demasiado elevadas desde el comienzo del mileno. Además, este ahorro, o mejor dicho esta gran cantidad de ahorro, estaba muy influido por los valores irreales de las acciones y las propiedades inmobiliarias.

Por su parte, los bancos centrales tenían como objetivo de sus políticas monetarias el control de la inflación, y por tanto los tipos de interés que estaban fijando estaban demasiado lejos, por muy bajos, de lo que habría sido necesario para controlar la liquidez internacional que estaba hinchando a ritmos muy altos las burbujas inmobiliarias de algunos países desarrollados, y las de menor cuantía de los mercados bursátiles. Además, esta alegría de crédito que producían los bajos tipos de interés estaba provocando inversiones sin suficiente rentabilidad para tener un retorno adecuado en términos de producción a precios constantes en algunos de los países en vías de desarrollo, fundamentalmente en los del este de Europa. Pero sobre todo estaba alimentando un consumo financiado a crédito, principalmente en los países desarrollados, y los déficits por cuenta corriente provocados por dichos consumos excesivos también podían financiarse en un mundo inundado de liquidez. Lo que a su vez nos daba la falsa impresión de crecimientos sólidos de las economías desarrolladas, cuando en realidad estaban creciendo de manera insostenible y además ocultaban su ya evidente necesidad de reformas.

4

La Crisis de 2007-2008

1. Las hipotecas *subprime*

Las llamadas *subprime* son un tipo de hipotecas que se conceden a personas con ingresos bajos e irregulares, pensando que conseguirán el sueño americano, es decir, que mejorarán de empleo y sueldo de manera rápida y coherente en el tiempo. Así pues, se les ofrece una hipoteca teniendo como garantía sus ingresos futuros, y además la letra de la hipoteca puede crecer muy rápidamente en los primeros años de su vida. A estas personas se les ha denominado *No Income, No Job, No Assets* (sin ingresos, sin empleo, sin patrimonio) o NINJA (por sus siglas en inglés), que es un término de acuñación político-financiera. Este tipo de hipotecas fue promovido en primer lugar por el presidente Jimmy Carter, que aprobó la principal legislación que forzaba o premiaba la donación de créditos a dichos individuos; esa ley se llama Community Reinvestment Act y fue aprobada en 1977; ha sido reformada en siete ocasiones, la última en 2008. Las seis primeras modificaciones fueron enfocadas a potenciar el efecto buscado por la ley, ayudar a la compra de vivienda a colectivos de muy baja renta, cosa que de otro modo sería inviable debido a su falta de solvencia. Mientras que la última modificación, la de 2008, limita la concesión de este tipo de hipotecas, como no podía ser de otra forma, al ser la reforma posterior al crac de las *subprime*.

Por lo general, estas hipotecas se aseguraban en dos instituciones: Fanny Mae (Federal National Mortgage Association, o Asociación Federal Nacional Hipotecaria), que tenía como objetivo hacer frente a los impagos hipotecarios de los ciudadanos estadounidenses durante la Gran Depresión y que fue creada en 1938 por el gobierno estadounidense con la misión de garantizar hipotecas con fondos del gobierno para ayudar a familias con problemas. Es decir, su finalidad era ayudar a garantizar parcialmente hipotecas ya existentes de familias en apuros. Pero Fanny Mae no era capaz por sí misma de cubrir todo el mercado hipotecario de Estados Unidos, sobre todo en lo relativo a la concesión de nuevas hipotecas al comprador de la casa, y en 1970 se decidió crear Freddy Mac (Federal Home Loan Mortgage Corporation, o Corporación Federal de Préstamos Hipotecarios), con el fin de atender a las necesidades del mercado hipotecario estadounidense de primeras hipotecas. Con las garantías aportadas por ambas empresas pseudoestatales se consiguió que un gran número de hipotecas concedidas en el país a ciudadanos de rentas bajas o muy bajas tuvieran una calificación de riesgo muy inferior a la de los cálculos de riesgo efectuados por los analistas bancarios especializados.

Y, por último, pero no menos importante para la generación de la crisis hipotecaria y de vivienda en Estados Unidos, tenemos otra ley, en este caso la Gramm-Leach-Bliley Act, del 12 de noviembre de 1999. Esta ley demolió el muro existente entre los bancos comerciales, los actores principales del mercado hipotecario y los llamados bancos de inversión, que son las entidades financieras que se dedican a hacer titulizaciones. Separación que siempre se había considerado muy necesaria debido a que tienen funciones distintas en el sector financiero, diferentes perfiles de riesgo y distintas atribuciones, que combinadas podrían producir alteraciones serias en los mercados financieros, como las que estamos viviendo en estos momentos. En la práctica, un banco comercial que es accionista mayoritario de un banco de inversión podría sentirse tentado de conceder créditos dudosos y deshacerse de ellos titulizándolos mediante su banco de inversión filial, con lo que en vez de ganar dinero a lo largo de los años de los créditos hipotecarios, este dinero se podría obtener instantáneamente mediante una titulización, aunque no todo ya que se tendrían que pagar grandes comisiones. Tentación que ha resultado inevitable, dado que los gestores de ambos tipos de bancos cobraban gratificaciones/bonos (parte del sueldo que dependía de los buenos resultados; lo que en España se llama «el sobre») que en muchos casos superaban el salario de varios años, sobre el resultado de un solo año, debidas a las comisiones y no a su negocio natural, que es obtener los beneficios durante la vida total del préstamo.

El hecho de que las hipotecas *subprime* concedidas a los NINJA estuvieran aseguradas en cierta medida por Freddy Mac y Fanny Mae mejoraba su calidad crediticia y sobre todo la calificación de las emisiones de títulos hipotecarios que se realizaron con ellas como base. Con lo que una hipoteca de cierta dificultad de cobro, que probablemente no tendría ni siquiera calificación crediticia por sí misma, pasaba a tener una calificación muy alta, es decir, de una deuda con gran probabilidad de ser cobrada, y que tras empaquetarse con hipotecas similares para realizar una titulización, alcanzaba casi la mejor calificación crediticia posible, con un rendimiento anual muy alto con respecto a los tipos de interés vigentes en el mundo desarrollado, y que además incrementaba dicho rendimiento durante los primeros años de vida de la hipoteca, debido a la particularidad de los créditos hipotecarios *subprime*. En definitiva, una verdadera golosina financiera.

FIGURA 4.1.

Tipo de interés en Estados Unidos *versus* tipos de interés *subprime*

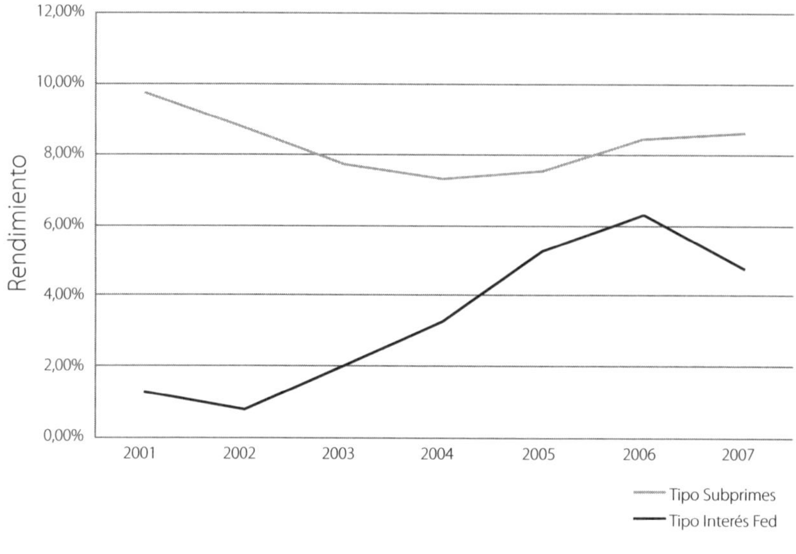

Fuente: Reserva Federal de Estados Unidos.

Desde 2001 hasta 2007, la gran mayoría de los préstamos hipotecarios *subprime* eran en realidad refinanciaciones de hipotecas ya existentes, tan solo un tercio de estas hipotecas eran de hecho para pagar la casa adquirida, el resto eran operaciones en las que los propietarios de las viviendas, que por supuesto cumplían con los requisitos legales para acceder a este tipo de hipotecas (menos del 80% de la renta media de las áreas metropolitanas), convertían en dinero las subidas de precio de su vivienda habitual a cambio de una mayor cuota mensual y un mayor plazo de tiempo, dinero que generalmente no se reinvirtió y sí se gastó.

La cantidad de hipotecas de este tipo concedidas empezó a crecer notablemente a partir del año 1998, con Bill Clinton como presidente, y hasta el año 2002, con un volumen anual concedido del entorno a los 200.000 millones de dólares al año, es decir, unas cuatro veces la media de los años previos a 1998. A pesar de ello, estaba aún dentro de unos parámetros razonables, dado que una gran parte de los hipotecados sí cumplían el sueño americano y efectivamente mejoraban su renta lo bastante como para hacer frente a los pagos de las hipotecas *subprime*. Además, el mercado secundario de compraventa de vivienda no tenía problemas para absorber las casas embargadas de los que no podían hacer frente a los pagos de la hipoteca, no solo sin que el prestamista perdiera dinero, sino incluso ganando algo en un mercado con los precios de vivienda disparados al alza.

Pero a partir del año 2002 las *subprime* dejaron de ser algo residual y controlado al convertirse en titulizaciones masivas aseguradas con altos intereses anuales y muy bajo riesgo (al menos teórico), y no como habían sido hasta la fecha: un instrumento medido y diseñado para facilitar el acceso a la vivienda a grupos determinados de población e incluso a regiones enteras de baja renta. Es decir, pasaron de ser una herramienta especialmente dirigida a la promoción social en entornos delimitados, para convertirse en una factoría de bonos de alto rendimiento y fácil colocación. Como puede verse en la figura 4.1., hay una gran diferencia entre el tipo de interés sin riesgo de la Reserva Federal Estadounidense y el que pagaban las *subprime*, con un riesgo teóricamente parecido. Lo que en la práctica supone que de cada 100 dólares de hipoteca *subprime*, a un plazo de treinta años, se podía repartir unos 120 dólares en comisiones, y aun así ser más rentable que comprar un bono del tesoro norteamericano, con un riesgo supuestamente parecido. Lo más semejante a una inmensa orgía de comisiones que ha tenido nunca el sistema bancario y financiero mundial. Un verdadero disparate que debiera haberse cortado ya en el año 2002, cuando estas diferencias eran aún mayores y se podían repartir comisiones de hasta 160 dólares por cada 100 dólares prestados.

Ya en el año 2003, se contrató un 50% más de hipotecas *subprime* que en 2002. En 2004 el saldo se duplicó hasta más de 800.000 millones de dólares, y en los dos años previos al estallido, 2005 y 2006, se hicieron más de 2 billones. En concreto, entre 1994 y 2007 se concedieron hipotecas *subprime* por un importe de más de 5 billones de dólares, como puede observarse en la figura 4.2. Con este volumen de hipotecas *subprime*, se saltaron todos los límites de prudencia racional. No es realista pensar que un porcentaje tan grande de la población total del país, como los tomadores o refinanciados de hipotecas *subprime*, pudiera realizar el sueño americano. Pero, además, el gran volumen de casas a la venta que generaban los que no podían hacer frente al pago de la hipoteca no era absorbido por el mercado sin rebajar notablemente los precios y por tanto generar enormes pérdidas. El mercado de la vivienda americano comenzó a sufrir el gran volumen de casas a la venta, y de hecho la vivienda bajó sus precios de modo ostensible en los trimestres previos a que estallara la burbuja.

FIGURA 4.2.

Volumen anual de hipotecas *subprime* (datos en millones de dólares)

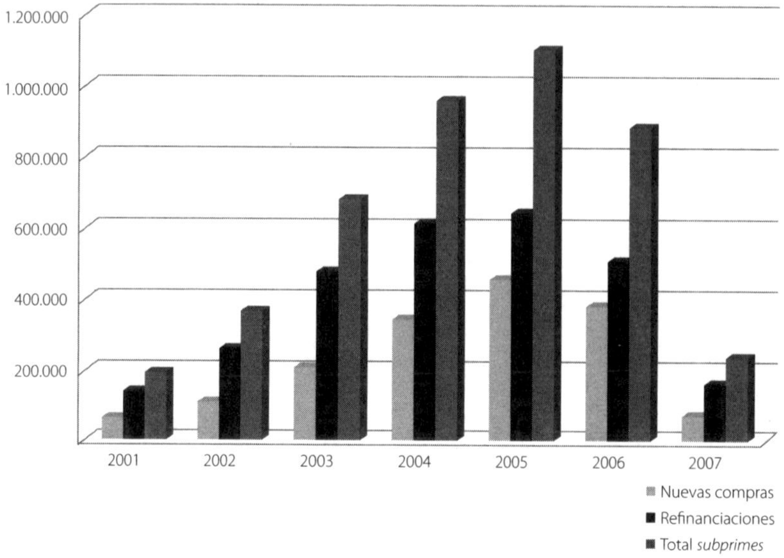

Fuente: Reserva Federal de Nueva York.

Las pérdidas estaban aseguradas, al menos en su versión titulizada, y cuando los compradores de los bonos exigieron los seguros contra pérdidas, las compañías aseguradoras de estos activos titulizados, Fanny Mae y Freddy Mac, empezaron a sufrir la situación. En pocos meses hubieron de ser recapitalizadas por el gobierno, que un poco después se vio obligado a renacionalizarlas, debido a que la sangría era imparable. Pero no solo cayeron entidades más o menos relacionadas con el gobierno, sino varias aseguradoras que habían comenzado a asegurar las emisiones sobre hipotecas *subprime* a la vista del monumental negocio que eran, ya que aquí también se pagaban grandes primas de seguro. Entre ellas, la mayor compañía aseguradora del mundo, AIG (American Insurance Group), en cuya quiebra, sin ser los seguros sobre *subprime* el único factor, sí se considera que estos fueron el mayor con mucha diferencia.

2. La propagación del colapso financiero por el mundo

1. Las titulizaciones tenían como destino razonable los vehículos de inversión de las familias y las empresas, es decir, los fondos de inversión y los fondos de pensiones, además de los *family offices* (gestores de patrimonios familiares), siempre hambrientos de títulos de gran seguridad y con altas rentabilidades. Paralelamente, los bancos de inversión americanos, sobre todo, y algunos europeos, principalmente ingleses, tomaron las titulizaciones de las *subprime* y las mezclaron con otras deudas de renta fija, añadiéndoles en algún caso opciones sobre tipos de interés, todo ello basado en modelos econométricos que daban seguridad absoluta de que, pasara lo que pasara, el conjunto o, mejor dicho, el bono resultante, cuya base era la mezcla anterior, tenía tan poco riesgo como la deuda pública, y bastante mayor rentabilidad.

Uno de los problemas que ha puesto en evidencia la crisis es que se han utilizado demasiados modelos matemáticos sin lógica económica. Se puso de moda en las casas de bolsa y bancos de inversión contratar a excelentes matemáticos que basándose en situaciones pasadas, es decir, como si el mundo fuera inmutable y de bonanza financiera, extrapolaban los riesgos registrados en el pasado sin tener en cuenta que sus suposiciones se basaban en una situación excepcional desde el punto de vista de la historia económica y financiera, por lo que sus modelos difícilmente podían ser tan exactos como se pretendía y se refleja en sus ecuaciones.

Estos bonos aparecieron en los mercados financieros mundiales con altas rentabilidades, o al menos muy superiores a las de la deuda de los estados; con bajo riesgo, tan bajo como los bonos de los estados, y basados en modelos matemáticos incomprensibles para los analistas normales y, por tanto, incuestionables por ellos, y además emitidos por entidades de gran renombre en el mundo de la banca de inversión. Fueron bonos con tan buen aspecto y reputación que los bancos comerciales, no solo americanos, los tomaron como parte de sus inversiones. Es decir, estos bancos en vez de dar un crédito a un ciudadano de su país y sobre el que tenían datos suficientes para hacer un análisis de riesgo adecuado, preferían estos productos que les producían mayores comisiones, daban una rentabilidad mayor y tenían mucho menos riesgo teórico. Comprar un bono emitido en Nueva York o Londres, que pagaría una persona de la que se sabía muy poco o nada, pero que al ser avalado por una institución de gran prestigio y envuelto en un producto muy técnico que de alguna manera les tranquilizaba, se aceptaba con preferencia a las hipotecas emitidas por ellos mismos.

En países donde se estaba gestando una burbuja inmobiliaria local, como son Inglaterra, España o Irlanda, se colocaron pocos de estos bonos *subprime*, debido a que sus propios mercados hipotecarios absorbían todos los recursos, e incluso precisaban del ahorro exterior. Por lo que, más que países tomadores de bonos hipotecarios, eran la competencia en la fabricación de estos tipos de bonos o activos.

Pero esta fiebre de titulización no se paró en el mercado inmobiliario, sino que llegó a otros tipos de deudas. Estas otras titulizaciones estaban basadas en deudas empresariales, lo que se denomina derivados de créditos. Eso significa que un crédito que ha estudiado y concedido un banco es aceptado por grandes inversores, después de otra misteriosa estructuración, que como ya hemos dicho en muchos casos consistía tanto en dar credibilidad mayor de la que merecía y a la vez hacer que el analista del comprador se encontrara en un terreno en el que tenía que cuestionar el saber de las grandes plazas financieras del mundo e ir en contra del aval teórico de grandes entidades financieras, en un producto que a primera vista era inmejorable y difícilmente cuestionable.

En el verano de 2007, estábamos en un mundo que no podía bajarse de la espiral alcista de valoraciones de activos de inversión, y con un tipo de interés de los distintos estados o monedas muy bajo para lo que la situación económica requería. Y lo que es peor, en una situación en que cada año las necesidades globales de financiación eran crecientes, en razón de déficits comerciales sistemáticos e insostenibles, cuando no para alimentar las burbujas inmobiliarias y bursátiles, que necesitan alimento en forma de dinero para existir. Dado que esta situación es inviable que permanezca de manera indefinida, llega un momento en que el dinero que entra no es suficiente, y entonces explota.

En el caso del verano de 2007, la burbuja que explotó primero fue la de las *subprime*, que, como ya hemos dicho anteriormente, requerían en gran parte de los crecientes precios de las casas y de tipos de interés muy bajos. Aun sin la explosión de la burbuja *subprime*, probablemente el crac financiero habría ocurrido también, pero seguramente hubiese sido menos brusco, y solo probablemente de menor dimensión.

2. Las bolsas, por su parte, habían recuperado, en algunos casos totalmente y en otros casi, los niveles de precios previos al estallido de la primera burbuja bursátil del siglo XXI, la de las empresas de Internet o crisis punto com, que derribó los mercados desde los máximos de la primavera del año 2000 hasta los mínimos de la primavera de 2003. Si los índices recuperaron los niveles previos al verano del año 2000, los componentes o compañías de dichos índices eran bastante diferentes a las que iniciaron el milenio. Si en 2000 las empresas de telecomunicaciones y nuevas tecnologías eran las responsables de gran parte de los precios que alcanzaban los índices, en 2007 los bancos, las empresas de materias primas, especialmente las petroleras y en menor medida las constructoras e inmobiliarias, eran las responsables de la mayor parte del valor de dichos índices bursátiles. Por otra parte, entre las primeras compañías del mundo por su valor en bolsa, que eran fundamentalmente estadounidenses apoyadas por algunas europeas al comienzo del siglo, en 2007 había también países como China, Brasil y Rusia. Este grupo de las más valiosas seguía constituido fundamentalmente por bancos, petroleras o eléctricas, y en mucha menor medida de lo que fueron en el año 2000, pero todavía con una gran importancia, compañías de telecomunicaciones y nuevas tecnologías, pero esta vez de países en vías de desarrollo.

FIGURA 4.3.

Evolución del Dow Jones

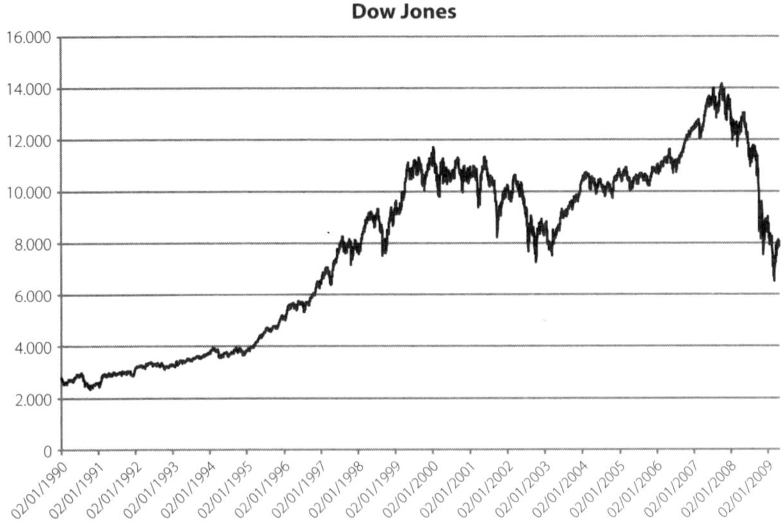

Fuente: Dow Jones.

3. Las consecuencias del estallido de las *subprime*

1. Como ya hemos dicho con anterioridad, las titulizaciones de hipotecas (MBS: Mortgage Baked Securities, o Bonos Hipotecarios de Titulización), sumadas a los productos derivados de crédito con algún otro componente que en principio sería para evitar el riesgo, fueron la base de los llamados productos estructurados, que fueron ampliamente negociados por los bancos de inversión, que no tienen depósitos de los ciudadanos, sino que emiten bonos contra todo tipo de activos que previamente han comprado, entre ellos y de manera muy destacada las hipotecas *subprime*, procedentes del banco comercial de su grupo e incluso de bancos sin relación, en los picos de la burbuja cuando había una mayor demanda. Estos productos estructurados, que son los que normalmente emiten estos bancos de inversión, cuando son a medio y largo plazo, se suelen vender a instituciones de inversión colectiva (fondos de inversión, fondos de pensiones o compañías de seguros) y a patrimonios familia-

res (*family offices*). Si se hubiese detenido en estos tomadores, se hubiesen producido enormes pérdidas en fondos de inversión, los de pensiones, en las compañías de seguros y en los patrimonios familiares, lo cual ya habría sido un gran problema. Pero en este caso estos productos estructurados acabaron también en los balances de los bancos comerciales normales, y no solo en Estados Unidos, donde nacieron, sino que además llegaron a sistemas bancarios europeos tradicionalmente muy conservadores y de los cuales era difícil pensar que tuviesen que recurrir a este tipo de inversiones.

Cuando las hipotecas dejaron de pagarse, los bancos de inversión que habían emitido los productos estructurados recurrieron a los seguros añadidos para esta contingencia, pero el enorme volumen de hipotecas fallidas hizo que al cabo de unos meses también las compañías de seguros dejaran de pagar las indemnizaciones, dado que no fue suficiente el apoyo del gobierno norteamericano a través de Fanny Mae y Freddy Mac, que quebraron tras el verano de 2008. Al fallar los seguros sobre las hipotecas y los derivados de crédito, se produjo un primer choque violentísimo en el sistema financiero, ya que activos muy importantes en los balances de los bancos de todo el mundo, como eran estos bonos de productos estructurados, hacían muy difíciles de valorar las pérdidas en los balances.

2. El hecho de que muchos bancos tuviesen estos activos tóxicos, que eran los bonos de productos estructurados cuya base principal eran las titulizaciones de hipotecas *subprime*, y la norma contable que obliga a valorar cero estos activos tóxicos tras unos meses de no percibir ingresos, tuvieron dos consecuencias sobre los balances de los bancos. La primera, que las pérdidas contabilizadas a precio cero –efectivamente, estos bonos no valían lo que se había pagado por ellos pero tampoco valían cero– llevó a muchos bancos a tener que admitir pérdidas enormes, que a su vez rebajaron sus coeficientes de solvencia (patrimonio de los bancos que sirve para hacer frente a préstamos impagados, y que según el convenio bancario Basilea I debería ser al menos del 8%; es decir, por cada 100 euros prestados el banco debe tener patrimonio por valor de 8 euros). La segunda consecuencia es que los bancos no se fiaban de la solvencia y liquidez de los otros. Por lo que el llamado mercado interbancario, que sirve para resolver las necesidades de liquidez de los bancos, dejó de funcionar, con graves desajustes, para aquellos bancos que tenían necesidad de reordenar su tesorería.

Como ya hemos visto, los depósitos a la vista, que son claramente un medio de pago y además el más utilizado en las economías desarrolladas, aumentan con la concesión de créditos, pero también disminuyen cuando se cancelan los créditos. Si por razones de solvencia un banco tiene que reducir la cantidad de créditos concedidos, el conjunto del sistema también reduce depósitos o, lo que es lo mismo, disminuye la liquidez en el sistema en su conjunto.

Pongamos un ejemplo: si un banco tiene prestados 100 euros y lógicamente los respalda para cumplir la norma de Basilea I con 8 euros de fondos propios o patrimonio, y pierde 2 euros por impagados, su patrimonio o fondo propio se reduce a 6 euros y por tanto debería dejar de dar créditos hasta que hubiese recuperado 25 euros de los 100 euros que tiene prestados. Lo que en la práctica significa que no dará ningún crédito en los meses necesarios para que 25 euros de los prestados anteriormente sean devueltos. El balance de un banco, como es obvio, es mucho más complicado, pero esto es lo que básicamente está sucediendo y la razón principal por la que, aún en el año 2009, los bancos no estén proveyendo a la economía de todos los créditos que precisa para seguir creciendo al mismo ritmo que lo hacía en los últimos años.

Los primeros créditos en vencer, debido a su naturaleza (la mayoría unos días y hasta unos pocos meses), son los del interbancario. En el caso actual, no solo necesitan su dinero, sino que además muchos necesitarían que el interbancario les diera crédito por una buena temporada.

Evidentemente, lo primero que tuvieron que hacer las autoridades monetarias del mundo fue inyectar liquidez al sistema. Y dado que el interbancario no funcionaba, se han tenido que dar más créditos desde los bancos centrales de lo que sería necesario en otras circunstancias.

Además, y como medida especial que no se había tomado prácticamente nunca hasta esta crisis, se ha aumentado el capital de los bancos para recuperar el coeficiente de solvencia destruido por los impagos y dar así confianza al resto de bancos para que vuelva a funcionar el interbancario. Cosa que en el momento de escribir este libro, 24 meses desde que estalló la crisis de las *subprime*, no se había conseguido totalmente.

La aportación de los estados al capital de los bancos ha sido muy mal recibida por la opinión pública mundial, que pensaba que dar dinero a los banqueros, que han sido culpados desde muchos sectores, sobre todo desde el político, como verdaderos culpables de la crisis, era una verdadera injusticia incomprensible desde una mentalidad normal de un ciudadano. Pese a que los políticos han hecho lo correcto recapitalizando los bancos, su nivel de incomprensión de la economía les ha llevado no solo a hacerlos culpables de la crisis, sino a ser incapaces de explicar adecuadamente a los ciudadanos que era absolutamente imprescindible hacerlo para evitar que se colapsaran los medios de pago y por tanto el funcionamiento elemental de la economía.

3. La reacción de los bancos centrales fue en primer lugar reducir los tipos de interés. La primera en actuar fue la Reserva Federal Estadounidense, que interrumpió su tendencia de subida de tipos, con la que intentaba controlar una incipiente inflación debida a las subidas de la energía y las materias primas. A consecuencia de ello se rebajaron los tipos de interés desde finales de 2007 hasta principios de 2009, hasta dejarlos prácticamente en cero. Por su parte, el Banco Central Europeo, tras resistirse a reducir tipos durante todo el año 2007, se vio obligado a rebajarlos, forzado por las circunstancias, hasta niveles nunca vistos en Europa, como puede observarse en la figura 4.4. De una forma más parecida a la americana que a la europea, el Banco de Inglaterra también redujo los tipos hasta niveles próximos a cero.

Si al principio esta rebaja de tipos se debió a un intento de suministrar liquidez al sistema —ya hemos dicho que unos tipos bajos animan a los bancos a prestar dinero y por tanto a aumentar la liquidez—, a partir de la primavera de 2008 se debió a intentos de relanzar la economía, que ya se había enfriado de modo tan importante que nadie dudaba de que íbamos camino de la recesión.

FIGURA 4.4.

Tipos de interés oficiales: Europa y EE.UU.

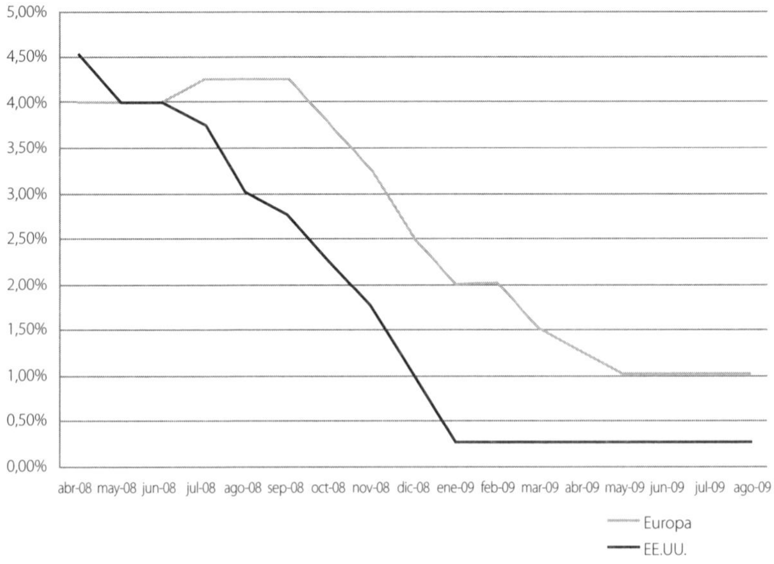

Fuente: Banco Central Europeo y Reserva Federal.

Aparte de rebajar los tipos de interés, a veces de manera concertada y desde luego cada uno por su lado, los bancos centrales inyectaron cantidades ingentes de dinero en el sistema financiero para contrarrestar el drenaje de liquidez debido a la restricción de créditos por parte de los bancos comerciales. Para tal fin, no solo se subastaron cantidades cada vez mayores y récord de dinero procedente de los bancos centrales, sino que a partir del verano de 2008 se suministró toda la liquidez que precisaban todos y cada uno de los bancos de Estados Unidos y Europa. En realidad, no hubiese sido necesario llegar a la concesión de tantos créditos por parte de los bancos centrales si hubiese funcionado normalmente el mercado interbancario, pero la desconfianza entre los bancos era tal, que los bancos solicitaban liquidez no solo en cantidades acordes con sus necesidades reales del momento, sino que incluso pedían más para tener reservas de liquidez, aunque ese dinero extra les costase mucho en intereses.

El Banco Central Europeo llegó a tener prestado 1 billón de euros (un poco menos que el PIB español de 2008), de los cuales 600.000 millones se dejaron depositados en el mismo Banco Central Europeo, como reservas de liquidez. En situaciones normales, los bancos comerciales europeos solo hubiesen demandado 400.000 millones de euros, que habrían sido distribuidos a través del mercado interbancario. Hay que tener en cuenta que el Banco Central Europeo cobraba un tipo de interés bajo, pero apreciable para tan gran cantidad de dinero, y no pagaba por los depósitos ningún tipo de interés. Es decir, los bancos han actuado a pérdidas ante el riesgo de falta de liquidez, que los hubiese llevado a situaciones límite.

La Reserva Federal Estadounidense, por su parte, llegó a prestar directamente a algunas empresas o asociaciones empresariales y no a través de los bancos, como siempre se había hecho. En todo caso el volumen del balance de la Reserva Federal, donde figuran los créditos, se ha multiplicado por cuatro o cinco veces, debido al gran número de intervenciones típicas y especiales que ha tenido que realizar durante esta crisis.

4. Por su parte los distintos gobiernos o estados actuaron sobre los problemas de liquidez de un modo nada convencional. En un primer momento intentaron comprar a un precio a determinar, y de ahí surgió el gran problema de la medida, los activos tóxicos de los bancos. Esta idea pronto se reveló como una solución imposible, ya que o se valoraban a un precio como el que figuraba en el balance del banco y entonces era injustificable ante los contribuyentes una pérdida de dimensiones desconocidas pero monumentales, o por el contrario se asignaba un precio más real a los activos tóxicos y se hacía efectiva una pérdida latente en el balance de los bancos, lo que podía atentar contra su solvencia y viabilidad futura.

En una segunda ronda de medidas, los estados o gobiernos consideraron como mejor opción ampliar el capital de los bancos y aseguradoras para compensar las pérdidas del valor del activo del banco debidas a la existencia de los activos tóxicos. Esta solución ha permitido recapitalizar una enorme cantidad de bancos y compañías de seguros principalmente en Estados Unidos e Inglaterra, pero también en el resto de Europa. Esta política también ha tenido reproches; por una parte, que si se ayudaba a aquellos que con su imprudente gestión habían creado la crisis, y por otra parte, que esto era el fin del capitalismo y la vuelta a la intervención del Estado en la economía en Europa y un fracaso de la economía liberal o de mercado en Estados Unidos.

Como consecuencia de estas actuaciones, solo en lo que se refiere a los problemas financieros, los estados o gobiernos comprometieron cantidades ingentes de dinero público que había que financiar con emisiones de deuda estatal, en cantidades ya enormes sin tener en cuenta otras necesidades de gasto, y que han llevado a los gobiernos a endeudarse hasta niveles nunca conocidos en tiempos de paz. Por una u otra razón, el déficit de las economías se ha disparado en porcentaje de sus PIB, y los pronósticos que se manejan para 2009 y 2010 pueden verse en la tabla 4.1.

TABLA 4.1.

Déficit del Estado en porcentaje del PIB

Año	Desarrollados	EE.UU.	Area euro	Japón	Resto del mundo
2007	−1,20	−2,90	−0,70	−2,50	0,40
2008	−3,50	−6,10	−1,80	−5,60	0,00
2009	−8,80	−13,60	−5,40	−9,90	−4,00
2010	−7,70	−9,70	−6,10	−9,80	−3,30

Fuente: FMI.

En esta tabla figuran las últimas estimaciones del FMI para el déficit de los distintos países y áreas económicas. Este organismo nos proporciona los datos en dos grandes grupos de países, las economías desarrolladas, de las que hemos mostrado además la situación particular de algunos países o áreas económicas, y el resto del mundo, que no hemos dividido en subgrupos, ni en esta tabla ni en las siguientes de este capítulo, debido a la falta de datos, que además podrían no ser muy exactos.

Asimismo, en Europa, con el fin de evitar el pánico entre los depositantes, se subieron los límites de garantía de depósitos de modo extraordinario. La norma era garantizar un mínimo de 20.000 euros por depositante y banco, pasara lo que pasara, y este límite inferior se subió cinco veces hasta los 100.000 euros, e incluso a la totalidad del importe de los depósitos, en algunos países.

Por último, algunos estados o gobiernos garantizaron mediante aval las emisiones de bonos de los propios bancos comerciales, colocadas en los mercados financieros internacionales, e incluso llegaron a comprar activos sin problemas de valoración o riesgo. Y por otra parte, los gastos en inyecciones de capital en los bancos y los compromisos tomados por los gobiernos en forma de avales y garantías han alcanzado volúmenes como nunca se habían visto. En todo caso, como se deduce de la tabla 4.1., las emisiones de deuda previstas para el año 2009 son probablemente el mayor volumen con respecto al PIB de los distintos países que se ha registrado nunca en la historia y en el conjunto de la economía mundial.

5. Como puede verse en la figura 4.3., que representa la evolución del Dow Jones, el índice bursátil de referencia en el mundo (su influencia es tal que los índices bursátiles europeos y japoneses lo replican de manera prácticamente paralela), este, desde el estallido de la crisis, ha llegado a retroceder un 50%. Se muestran las sucesivas bajadas sectoriales, comenzando por los bancos y las inmobiliarias, en los países donde su importancia se refleja en los índices, y siguiendo por las constructoras, las aseguradoras y nuevamente los bancos, y tras ellos todos los demás sectores, liderados por otro sector típico de las ventas a crédito, los automóviles.

Las bajas cotizaciones de las acciones ha impedido acudir al mercado bursátil en busca de financiación —OPVs (Oferta Pública de Venta), emisiones de bonos...— para solventar sus problemas de liquidez, una opción muy usada anteriormente por las empresas cuando las condiciones de financiación se endurecían, lo que ha llevado a que las inversiones por parte de las empresas se hayan frenado en seco.

6. Pero la repercusión más importante de la crisis financiera ha sido su efecto sobre una ya maltrecha economía real de los países desarrollados, y los problemas que ha generado sobre las economías sanas de los países en vías de desarrollo.

La secuencia comenzó en las economías desarrolladas, en las cuales ya había problemas económicos estructurales y ya se estaban dejando de pagar las hipotecas; este fue justamente el inicio de la crisis financiera. Pero el reajuste financiero, que era de todas maneras inevitable, se hizo de una manera especialmente brusca. Y eso ha repercutido rápidamente en la actividad de dos sectores que son líderes de otros muchos en las economías desarrolladas, como son la construcción y el automóvil. Precisamente, esos dos sectores dependen para su venta del crédito, tanto que, de hecho, las compras al contado son excepcionales. Este desplome de ventas que han sufrido se ha ido diseminando por todos los sectores relacionados con ellos, que son de gran importancia tanto en el resto de los sectores manufactureros o industriales como en el sector servicios o sector terciario, que en una buena parte son empresas que dan servicios a esos dos sectores.

Como puede verse en las tablas 4.2. y 4.3., no se prevé que la crisis remita hasta al menos el año 2010, aunque hay un nutrido grupo de economistas que retrasan dicha recuperación al año 2011 e incluso más allá. La repercusión de la crisis económica actual, que ha comenzado a manifestarse mediante una crisis financiera, nos ha hecho retroceder de un satisfactorio crecimiento, especialmente en los países en vías de desarrollo, a una situación en la que el conjunto del mundo está en recesión, y los países en vías de desarrollo crecen a un ritmo insuficiente, que en realidad es crecimiento cero, si consideramos el incremento de la población. Además, el crecimiento económico de los países en vías de desarrollo está basado fundamentalmente en la evolución de la economía china y del resto de los países del sudeste asiático, que podría ser peor que las estimaciones de la tabla 4.2. en las malas perspectivas del comercio mundial, que además de influido por la mala evolución económica del mundo, se verá perjudicado por el «consumo nacionalista» promulgado por muchos ministros de economía en un alarde de imaginación parecido al vivido durante la primera mitad del siglo XX, y que tuvo resultados funestos.

TABLA 4.2.

El crecimiento real de la economía

Año	Desarrollados	EE.UU.	Area euro	Japón	Resto del mundo	Total del mundo
2007	2,70%	2,00%	2,70%	2,40%	8,30%	5,20%
2008	0,90%	1,10%	0,90%	−0,60%	6,10%	3,20%
2009	−3,80%	−2,80%	−4,20%	−6,20%	1,60%	−1,30%

Fuente: FMI.

Naturalmente y del modo más doloroso desde el punto de vista social, el descenso de producción se nota en las previsiones de desempleo que maneja el FMI para los países desarrollados, y que podemos observar en la tabla 4.3. En ella llaman la atención, sobre todo, los crecimientos esperados del desempleo de Estados Unidos y Japón, que tradicionalmente eran dos economías con un paro marginal debido tan solo al llamado paro friccional (aun con el 100% de empleo, hay un pequeño porcentaje de parados, como el 3% ó 4%, debido a los trabajadores que están cambiando de empleo, que se refleja en las estadísticas). En los niveles de desempleo previstos para el área euro, vemos un moderado avance del paro, que podría ser mayor por la influencia de los países del resto de la Unión Europea que están sufriendo de una manera especial la crisis financiera debido a su alto endeudamiento.

TABLA 4.3.

Tasa de desempleo de las economías desarrolladas

Año	Desarrollados	EE.UU.	Area euro	Japón
2007	5,40%	4,60%	7,50%	5,40%
2008	5,80%	5,80%	7,60%	5,50%
2009	8,10%	8,90%	10,10%	7,40%

Fuente: FMI.

Por otro lado, la reducción del crecimiento del PIB ha provocado, como no podía ser de otro modo, una cierta mejora de los déficits por cuenta corriente de algunos países, especialmente Estados Unidos, pero en conjunto el déficit de los países desarrollados empeoró en 2008, y en 2009 solo se preveía una mejora relativamente pequeña, como podemos observar en la tabla 4.5. Naturalmente, los superávits de los países en vías de desarrollo se reducen también de modo superior a la mejora de los países desarrollados, lo cual nos lleva una vez más a desconfiar de los sistemas de medición de las cuentas de comercio exterior en unos y otros países, pese a los enormes esfuerzos del FMI y otros organismos internacionales por optimizar la exactitud de los datos económicos mundiales. De todas formas, la disminución de los déficits por cuenta corriente de los países que los arrastran de manera sistemática es, según las previsiones, demasiado lenta y podría suceder que los crecimientos negativos de dichos países fueran superiores, que el comercio mundial se redujera aún más y que, por tanto, la crisis fuera más profunda todavía de lo previsto por el FMI, siendo este organismo acusado por otras instituciones internacionales de catastrofismo, pese a ser el que más y mejores estadísticas maneja.

La crisis financiera influyó también de manera definitiva y rápida sobre la financiación de los déficits por cuenta corriente que mantenían muchos de los países desarrollados y que han sido responsables del importante crecimiento del resto de las economías. Así pues, las economías en desarrollo vivieron un doble impacto: por un lado, la reducción de la demanda de productos fabricados en sus economías por los países desarrollados, y por el otro, el descenso de la demanda de materias primas, que empujó a la baja los precios de dichas materias, y que constituyen uno de los grandes ingresos de muchas economías en desarrollo.

TABLA 4.4.

Incremento del volumen de las exportaciones

Año	Desarrollados	EE.UU.	Area euro	Japón
2007	6,10%	8,40%	6,00%	8,40%
2008	1,80%	6,20%	1,30%	1,90%
2009	–13,00%	–13,10%	–12,90%	–35,30%

Fuente: FMI.

La situación se fue convirtiendo en un problema mundial, y sus efectos se fueron agrandando a medida que transcurría el año 2008, de tal forma que el presidente de Estados Unidos, George Bush, creyó necesario reunir al G-20, que es un grupo de países que representa no solo las economías más desarrolladas del mundo, que ya lo hace el G-8, sino que además incluye a los representantes de otras economías emergentes de todas las regiones del mundo y que conforman una muestra aceptable del mundo entero. Los problemas que había que plantear en esta primera reunión del G-20 de noviembre de 2008 eran de dos tipos: por una parte, la solución de los problemas financieros que debido a la globalización han alcanzado un nivel internacional más allá de los problemas generados en los países desarrollados, y por otra parte, atajar el problema de la recesión mundial, que amenazaba ya, y que después se ha comprobado, como una situación en la cual el PIB mundial iba a descender por primera vez desde que se realizan contabilidades nacionales. Como diría un periodista, es la primera vez que el mundo no tiene una locomotora que tire de él.

TABLA 4.5.

Evolución de la balanza por cuenta corriente (en miles de millones de dólares)

Año	Desarrollados	EE.UU.	Area euro	Japón	Resto del mundo
2007	−247,80	−700,30	193,10	83,90	633,40
2008	−371,10	−681,30	100,30	17,60	714,40
2009	−318,60	−459,20	43,10	−39,90	262,40

Fuente: FMI.

Resumiendo, el haber mantenido durante tantos años una situación financiera demasiado complaciente, sobre todo en cuanto a tipos de interés bajos se refiere, y que había producido un crecimiento de la economía mundial, gracias a la globalización como nunca en la historia, está provocando una gran recesión al reducirse la liquidez y la demanda de bienes por parte de las economías desarrolladas. Esta política de tipos bajos no solo ha sido perversa en cuanto a un crecimiento desmedido del crédito, sino que además ha ocultado demasiado tiempo, probablemente desde comienzos de este siglo, la falta de competitividad de las economías desarrolladas en la nueva realidad económica mundial.

7. En la economía es corriente que se produzcan lo que los economistas llaman círculos virtuosos o círculos viciosos. Desgraciadamente, en este momento no se va a entrar en un círculo virtuoso, sino más bien, si no lo hemos hecho ya, en uno vicioso. Dicha dinámica bajista estará determinada por una causa-efecto entre la economía real y la economía financiera. Si el inevitable parón de la financiación creciente ha produ-

cido ya un descenso de la economía real, esta caída de la actividad de la economía real y con ella del PIB mundial está provocando un nuevo deterioro de la economía financiera, que tendría un nuevo efecto negativo sobre la economía real. Precisamente, romper la dinámica de este círculo vicioso es la tarea que tradicionalmente se asigna a la política económica.

En todo caso, los círculos viciosos se agotan desde el punto de vista económico, aunque las políticas económicas no sean acertadas, pero cuando eso sucede, los desajustes sociales son de tal envergadura que se corre el peligro de que influyan en el sistema de vida de las naciones tal como ahora las concebimos.

5

Las Propuestas para Salir de la Crisis

1. La reunión del G-20 de abril de 2009

1. Después de la reunión celebrada en Washington en noviembre de 2008, en la que los participantes se limitaron a asegurar que la economía de mercado no corría peligro de desaparecer en breve, y a poner cada país a sus técnicos a trabajar en soluciones a la crisis (dicho así, sin mucha precisión), el G-20 volvió a reunirse en Londres a principios de abril del año 2009, cuando la crisis financiera ya se había trasladado a la economía real con toda claridad.

La cumbre de Londres fue celebrada por el conjunto de sus asistentes como un gran éxito de la coordinación internacional en la lucha contra la crisis económica y financiera mundial. El comunicado con los acuerdos alcanzados indica en su punto cuarto que los miembros del G-20 harán lo que sea necesario para (la redacción del punto cuarto es la original):

i. Restaurar la confianza, el crédito y los empleos.
ii. Reparar el sistema financiero y restaurar el crédito.

III. Financiar y reformar las instituciones financieras internacionales para superar esta crisis y prevenir las futuras.
IV. Promover la inversión y el comercio mundiales, rechazando el proteccionismo como base de la prosperidad.
V. Y, por último, hacer que la recuperación sea total, verde (en el sentido de ecológica) y sostenible.

Hay que decir que, así vistos y teniendo en cuenta las declaraciones de principios e intenciones de los puntos dos y tres, parecen objetivos importantes y adecuados a la situación financiera y económica del mundo.

Los objetivos del comunicado del G-20 se explican en nuevos apartados que están agrupados en el mismo orden que los objetivos generales expuestos en el punto cuatro.

2. De los acuerdos seis al doce, se trata la restauración del crecimiento y los puestos de trabajo perdidos. Para ello afirman que habrá una expansión de las cuentas públicas, es decir déficit, por un total general de 5 billones de dólares, con el fin de alcanzar en términos reales un crecimiento económico del 4% en el mundo entero al final del año 2010. Avisan además de que si dicha cantidad no es suficiente, harán lo que sea necesario para seguir con los impulsos fiscales.

Inmediatamente advierten que la previsión de crecimiento del FMI en esos momentos era solo del 2% para el año 2010. Y por tanto solicitan al mismo tiempo del FMI que aconseje lo que hay que hacer para que el crecimiento sea efectivamente el doble del previsto por este.

Por otra parte, anuncian que los tipos de interés a niveles muy bajos y la restauración del crédito normal desempeñarán un papel relevante para alcanzar los objetivos de crecimiento, y que para ello, es decir para restaurar el crédito, los países han realizado ya un esfuerzo de financiación desde las cuentas públicas, y declaran que están dispuestos a gastar en ese propósito un billón de dólares adicional a los cinco anteriores.

Por último, anuncian que están de acuerdo en no hacer devaluaciones competitivas, por lo que consideran necesario actuar de manera que exista cooperación responsable entre países. Con ese fin proponen al FMI como el organismo que vigile todas las economías y advierta de los riesgos que puedan aparecer. Por lo pronto, se da un papel extraordinariamente importante al FMI, como el garante del análisis correcto de la situación económica general.

Hay en el acuerdo once una llamada de atención muy pertinente hacía los problemas que pueda crear en el futuro un déficit público generalizado, y tan alto como el que está previsto en las propias medidas del G-20.

Efectivamente, ese es uno de los grandes problemas, ya que, según los datos que se ofrecen en el comunicado, los déficits públicos del conjunto representan del orden del 10% del PIB mundial del año 2007, lo que implica un déficit público visto pocas veces en la historia. Además, si como se da a entender esa deuda es solo para impulsar la actividad económica, la cifra será aún mayor, ya que sin duda aparecerán otras circunstancias que nos lleven al déficit, tanto por la rebaja de ingresos debida a la menor actividad económica, como por el aumento de gastos que significan el mantenimiento de la protección social para una creciente población necesitada por el crecimiento del paro.

Este gran volumen de dinero, que se obtendrá emitiendo deuda, tiene dos grandes problemas de los que hay que huir. El primero es que se producirá un *crowding out* (es decir, una expulsión de la deuda de las empresas a favor de la deuda pública), lo que va a dificultar en muchos países los procesos de inversión tan necesarios para salir de la crisis económica. El segundo problema al que nos enfrentaremos es el probable repunte de la inflación si, como es probable, después de la crisis los estados no estuviesen dispuestos a disminuir el volumen del déficit que acumularán para superarla.

Por tanto, la cantidad de déficit/deuda que se preconiza, o se constata, en el G-20 debería justificarse por unos sistemas claros de disminución del mismo. Estos, en nuestra opinión, son de tres tipos:

a) Cuando se han comprado acciones de una entidad financiera, como ya ha ocurrido en muchos países, con el fin de restaurar su solvencia. Las acciones compradas deberán venderse en el futuro y debería ser obligatorio que con el dinero obtenido se rebajara la deuda del país que lo haga.

b) Un segundo caso haría necesaria una decisión general de que, una vez pasada la crisis, las cuentas públicas debieran tener superávits en un determinado porcentaje, que habría de establecer el FMI, ya que a él se encomienda la vigilancia del futuro. Nos estamos refiriendo a los déficits que aparecerán como consecuencia de que los gastos serán mayores que los ingresos de los estados, debido a la rebaja de la actividad económica.

c) Y, finalmente, las inversiones públicas que se acometan para impulsar la economía deben tener un retorno medible que sirva como fuente de dinero es decir cada medida con un coste estimado en dinero, pero también debería estimarse su retorno económico. Es decir, cada medida con un coste, aunque sea estimado, en dinero, y también debería estimarse cuál va a ser el retorno de cada inversión. Por ejemplo, si algún estado hace un pabellón deportivo para impulsar la economía, debe decir cuánto va a cobrar por su uso, para que con esos ingresos se devuelva el capital invertido en su construcción.

El gasto público por sí mismo no garantiza nada, ni siquiera la recuperación de la demanda, e incluso, como han expuesto varios economistas relevantes, hay ya herramientas para medir el impacto de los endeudamientos de los estados en términos de retorno por cada euro invertido procedente de nuevas deudas. En condiciones normales de crecimiento equilibrado de una economía este indicador suele estar en 3, es decir, por cada euro invertido por el Estado el PIB se incrementa en 3 euros. Cuando un estado ha llegado a niveles de endeudamiento muy grandes que ya han producido desequilibrios en la economía, este indicador es inferior a 1, es decir, cada euro invertido produce menos de un euro adicional de PIB. Y en casos muy extremos el indicador llega a ser negativo, es decir, cada euro de nuevo endeudamiento produce reducciones del PIB.

La teoría que acabamos de referir ha sido construida por los escépticos de Keynes, y para contrarrestar la célebre frase que se atribuye al famoso economista inglés de que «es útil para salir de la recesión/estancamiento abrir zanjas para luego taparlas», cosa que podría haber funcionado en la Gran Bretaña de 1930, aunque hay dudas más que razonables de que eso fuera así entonces. Lo que es seguro es que ahora no va a servir para nada, salvo para quemar dinero a manos llenas. Es decir, que por ser un estado, no está eximido de razonar un retorno adecuado para un gasto/inversión de dinero tomado a crédito de un tercero, máxime cuando se trata de importes como los actuales.

Desde este punto de vista, las conclusiones del G-20 sobre este importantísimo apartado han dejado mucho que desear; deberían haber sido mucho más precisas, porque al fin y al cabo se está dejando el capítulo de estímulos fiscales en manos de los estados, y de unas reuniones tan mediáticas como están siendo las del G-20 de estos últimos años debería haberse obtenido una orientación de cómo se debe hacer y hasta qué límites.

Por otra parte, el que el tipo de interés de referencia u oficial de los distintos bancos centrales del mundo haya descendido hasta los bajísimos niveles actuales no garantiza en absoluto el despegue de la economía. En el capítulo 3 se muestra el caso japonés, el gran paradigma de muchos tipos bajos y crecimiento cero, que desmonta totalmente el razonamiento de que en todo caso cuanto más bajos son los tipos de interés, mayor es la tasa de actividad de la economía. Y es eso precisamente lo que están reflejando los PIB trimestrales de muchas economías avanzadas en los comienzos del año 2009. Por ejemplo, los tipos en mínimos históricos de la FED (Sistema de Reserva Federal, por sus siglas en inglés) han llevado al PIB estadounidense a retroceder un 6%. Y pese a que se puede argüir que ha sido solo un trimestre, la senda resulta muy familiar a la seguida por Japón, que en diez años de tipos muy bajos no ha conseguido avances del PIB sustanciales y sostenidos. Indudablemente, los bajos tipos de interés han mejorado la situación de los deudores, y podrían contribuir a que no se deteriore aún más la situación del sistema financiero, pero cuando se bajan los tipos de interés desde bajos a muy bajos no se consigue incentivar la inversión ni la economía. Y es esta incentivación de la inversión uno de los primeros pasos hacia la recuperación.

3. En el segundo punto de los acuerdos del G-20, se anuncian los que figuran en los apartados trece al dieciséis, y que se refieren a la necesidad de fortalecer la regulación y supervisión del sistema financiero.

De manera razonable, los apartados de este punto segundo comienzan reconociendo que la falta de supervisión y en algunos casos de regulación fueron causas muy importantes de la crisis que padecemos.

A continuación se explica que cada país debe hacer lo que crea conveniente, pero que es necesario dar una cierta coherencia al conjunto del mundo en estos aspectos. Especifica que el objetivo es mejorar la protección del inversor, no incurrir en riesgos excesivos y evitar que la actividad financiera sea pro cíclica, es decir, que favorezca el crecimiento en los momentos altos del ciclo y que propicie mayores descensos en momentos bajos de ciclo, ya que ahora mismo está sucediendo lo contrario y los mercados financieros tienden a acentuar las oscilaciones del ciclo llevando al límite las tendencias. Todo ello es realmente conveniente.

En el acuerdo número quince se explica que, en virtud del plan de acción aprobado en la anterior reunión del G-20, se está de acuerdo en una serie de medidas que hay que entender que se han propuesto en el mencionado plan de acción:

a) La primera, que es de gran importancia según la apreciación del G-20, es la transformación de una institución financiera internacional, el FSF (Financial Stability Forum), en otro similar y ampliado que se va a denominar FSB (Financial Stability Board, por sus siglas en inglés). Dejando a un lado lo creativo del nuevo nombre, el cambio consiste, además de absorber las funciones del FSF, en incluir en su composición a los países del G-20 que no fueran ya miembros, a la Comisión Europea, que sorprendentemente no estaba, y a España. Por tanto, el organismo va a tener muchos más componentes, lo que en principio dificulta su funcionamiento.

   Se entiende también que este renovado organismo, en la medida que no sea una continuación del FSF, estará encargado de dar coherencia a las reformas emprendidas por los países sobre la regulación financiera. La verdad es que el FSF no se significó ni por su trabajo ni por su popularidad, y por tanto, si no cambia en sus objetivos ni en su eficacia, la ampliación tiene muy poco sentido.

   De la lista de acuerdos se desprende que el FSB estudiará nuevos remedios que haya que implementar, además de los acordados en esta reunión del G-20, que no son muy claros. Estos acuerdos parecen metidos sin ningún orden en este comunicado final del G-20, algunos son de mucha relevancia y otros lo son menos, pero sin ninguna estructura que los diferencie, solo el conocimiento profundo de los mercados financieros permite distinguir unos de otros:

b) Un primer acuerdo que creemos hay que comentar es la recomendación a las autoridades económicas y financieras de extender la regulación, y se entiende la supervisión prudencial (es decir, revisar el día a día de las instituciones financieras de cada país para intentar prever problemas; o sea, el modelo actual de todos los supervisores), a todos los países, a todas las instituciones financieras, a todos los instrumentos y a todos los mercados financieros, ya que hay países donde esto aún no ocurre. Desde luego, es una recomendación evidente, pero poco operativa mientras no se definan qué son instituciones, instrumentos y mercados financieros, aunque estos últimos parecen más fáciles de definir.

c) En el siguiente punto, el G-20 une en realidad dos tipos de acuerdos: que se implementen los principios de pago y de compensación que últimamente había estudiado el FSF. Seguramente es algo conveniente, pero ya estaba acordado, y por tanto contribuye poco a cambiar las cosas. El segundo acuerdo dentro de este punto, es muy importante pese a que parece dicho de pasada: trata sobre las reglas del buen gobierno que han pasado desapercibidas por esta crisis. Ningún consejero, independiente o dominical, ha advertido a reguladores, accionistas o deudores de que existiera problema alguno en empresas que o están en unas circunstancias terroríficas o ya han quebrado. Tampoco han advertido de ninguna irregularidad, que sin duda las ha habido, ni de ningún riesgo, pese a que en algunos casos eran evidentes.

Parece necesario, pues, que las reglas del buen gobierno sean obligatorias para todo tipo de empresas financieras, cotizadas o no en bolsa, y que además se haga responsables a los gestores y consejeros, no solo de las actuaciones ilegales, cuyas responsabilidades están ya legisladas y se aplican con normalidad, sino también de la negligencia. Que no sirva de excusa decir que no se han enterado, siguiendo la mejor tradición política, pues un consejero o administrador que no se entera de un asunto de la suficiente enjundia para perjudicar a la empresa debería dimitir o ser destituido, y además tener responsabilidades legales si no lo advierte. Como ya ocurre en España desde la ley de transparencia de 2003.

d) Los miembros del G-20 recomiendan para el futuro, una vez pasado el grueso de la crisis, la mejora en todos sus aspectos de la relación entre patrimonio y operaciones para el conjunto del sistema bancario, y no solo de los créditos, por mucho que estos sean lo más importante de un balance de un banco. Este es un acuerdo que no puede separarse de otros dos, que se refieren a sistemas de contabilización o contables y de calificación de riesgos o *rating* (las famosas empresas estadounidenses de calificación de riesgos).

La unificación de los sistemas contables, sobre todo para empresas financieras, es absolutamente imprescindible, y a primera vista no parece fácil si tenemos en cuenta la diversidad de organismos reguladores de la contabilidad que existen en el mundo. La única vía para convencer a las entidades financieras que no cumplan con un eventual sistema de contabilidad internacional que se pudiera establecer sería, a nuestro entender, que se les prohíba acudir a los mercados internacionales y que se publique que no cumplen las reglas contables, para advertir a los inversores de estas instituciones, empresas o países. Por el momento, los grandes mercados financieros están situados en Estados Unidos y Europa, por lo que un acuerdo entre ambas regiones haría al resto adherirse casi de modo obligatorio.

Una vez establecidas unas normas contables homogéneas hay que calibrar la cantidad de fondos propios necesarios según el activo de la entidad o el riesgo de la operación, como figura en las normas que propone el llamado Basilea II, que es un acuerdo entre los principales bancos centrales internacionales para gestionar mejor el riesgo de los bancos, y que aún no ha entrado en vigor, pero que de haber entrado probablemente habría ayudado a una concesión más razonable de créditos. Para establecer las normas anteriores es absolutamente imprescindible que el riesgo esté bien medido, y aquí topamos con el problema de las empresas de *rating* y sus desconocidos métodos de evaluación del riesgo, que evidentemente han fallado de manera clamorosa.

En nuestra opinión, la tarea de crear la metodología y las bases de medición del riesgo debe recaer en los organismos supervisores de la banca, es decir, los bancos centrales en general y algún supervisor distinto, sobre todo en Europa. La labor les puede parecer delicada, exige mucho esfuerzo y acarrea algunos inconvenientes, pero la tarea debe acometerse y cuanto antes mejor.

A partir de un sistema universal y consensuado de medir el riesgo, se pueden dar licencias a quien cumpla los estándares acordados, pero en un primer lugar los supervisores deben ser los encargados de definir el riesgo, el modo de calcularlo y las necesidades de capital y de provisiones requeridas, teniendo en cuenta no solo el riesgo, sino la evolución del ciclo económico.

Como puede deducirse, estos tres puntos están absolutamente relacionados y deberían acometerse a la vez.

e) Además de estos puntos de los acuerdos, lo encomendado al FSB termina con otros dos puntos que, en nuestra opinión, son secundarios:

- Determinar las jurisdicciones de supervisión que no colaboran, entre las que se incluyen los paraísos fiscales. Desde luego, está bien que no haya paraísos fiscales, pero si los instrumentos financieros emitidos desde ellos se eliminan del sistema, junto con los que procedan de empresas financieras que no acepten las nuevas reglas contables y de supervisión, su importancia en la estabilidad del sistema financiero se agota por sí misma.

- Regular de forma específica a los *hedge funds* o fondos de inversión libres, ya que pueden invertir donde crean que puede haber un beneficio, a diferencia del resto de fondos, que tienen limitados los productos financieros en los que pueden invertir. Es curioso que se hable específicamente de los *hedge funds* ahora que parece estar celebrándose su funeral, ya que estaban diseñados para aprovecharse de las disfunciones de los mercados ganando dinero con ello y otorgando estabilidad a las cotizaciones. Las altas volatilidades de los últimos años son el testimonio de su incapacidad y fracaso, que les han llevado al enorme desprestigio que tienen en la actualidad.

f) En cambio, se echa de menos alguna referencia al colectivo de los analistas financieros que trabajan en muchos casos en empresas intermediarias financieras no bancarias y que han participado como profesionales en la compra de los activos tóxicos para sus clientes. En general, como ya hemos dicho, ejercen sus funciones en agencias de intermediación financiera no bancarias (casas de bolsa), gestores de patrimonios, instituciones de inversión colectiva (fondos de inversión), bancos de inversión colocadores de activos y otras instituciones similares. A pesar de que puedan producir alguna disminución de la capacidad de resistencia de instituciones financieras no bancarias, es necesario abandonar el mito de las «murallas chinas» (divisiones entre distintas unidades de negocio de un mismo intermediario financiero, que de estar comunicadas podrían distorsionar los mercados) y establecer que la actividad de estos intermediarios debe ser única, a un lado u otro de la muralla, y los conceptos por los que se producen los ingresos, bien definidos. Aquellos que se dedican a vender emisiones de deuda, hipotecas, acciones o cualquier otro activo financiero no deben además gestionar patrimonios ni hacer públicos sus análisis. Los que se dedican a gestionar patrimonios solo deben ejercer esa actividad, y sus ingresos limitarse al cobro de comisiones por su gestión y en ningún caso comisiones por colocar uno u otro activo financiero. Los que se dediquen a intermediar en mercados no deben hacer análisis públicos ni gestionar patrimonios. Y, por último, los que se dediquen a publicar sus análisis deben vivir de dicha publicación y de ninguna otra actividad. En el capítulo 3, cuando hablamos de las *subprime*, se relata hasta qué punto ha sido un problema la existencia de varias de estas actividades en un mismo intermediario financiero.

Una prueba de esta decadencia del análisis financiero es la pérdida del análisis fundamental bursátil (que estudia las cuentas de las empresas y a partir de ellas emite recomendaciones) a favor de los llamados *chartistas*, que son profesionales especializados en mirar un gráfico y sacar conclusiones sobre su evolución, y que por tanto no han sido capaces de ver la que se nos venía encima, hasta que no llegó, sin duda por su falta de formación financiera y entendimiento de los mercados.

Toda esta labor de regulación, evidentemente necesaria, se encomendó a los ministros de Finanzas del G-20, al mismo tiempo que se pedía al FMI y al nonato FSB vigilar el proceso, para que se pueda informar sobre él en la próxima reunión de los ministros de finanzas del G-20, que se celebró en Escocia en septiembre de 2009.*

4. Los acuerdos diecisiete a veinticinco son acciones para fortalecer las instituciones financieras internacionales. El propósito «encomiable» es la ayuda a los países con problemas financieros y económicos y con bajos niveles de desarrollo, lo que no debe impedir ayudas en el corto plazo a algunos países desarrollados.

En total se prevé dotar al FMI y a los distintos bancos de desarrollo regionales —Banco Iberoamericano de Desarrollo (BID), Banco Africano de Desarrollo, Banco Asiático de Desarrollo...) con 1,1 billones de dólares en total.

---

* Nota: *Para un análisis de la reunión del G-20 de septiembre de 2009 en Pittsburg, véase el Anexo.*

Se mejoran los recursos del FMI a corto plazo con 250.000 millones de dólares, para aumentarlos más adelante con otros 500.000 millones.

Por otra parte, se aumentan los recursos de los bancos de desarrollo multilaterales o regionales, a los que acabamos de referirnos, en 100.000 millones de dólares.

Y, en último lugar, se permite aumentar los derechos especiales de giro (DEG; en inglés, Special Drawing Rights o SDR) que emite el FMI por 250.000 millones de dólares más.

Estos recursos que se van a aportar a estas instituciones multilaterales son de muy distinta naturaleza, en el sentido de que unos son dinero y otros son derechos de emisión y son a distintos plazos, pero pueden mejorar la liquidez mundial y aumentar notablemente los fondos de ayuda a los países en bajos niveles de desarrollo de dos formas distintas. Efectivamente, los 250.000 millones de dólares en DEG permitirán aumentar las reservas de los bancos centrales que lo necesiten y, por tanto y en principio, mejorar los flujos del comercio internacional. Los DEG forman parte de las reservas en divisas de los países, ya que, como su nombre indica, permiten acudir al FMI y cambiarlos por dinero en divisas. De hecho, como eso es así, constituyen una forma de pago entre bancos centrales, que los admiten en la medida en que pueden convertirse en cualquier divisa o moneda real.

Desde nuestro punto de vista, si es importante el lograr que el comercio mundial se recupere y siga creciendo, aún es más importante la posibilidad de aumentar en 100.000 millones de dólares los recursos que gestionan los bancos de desarrollo multilaterales. Si se utilizan de una forma adecuada no solo servirán para que aumenten las inversiones en los países en vías de desarrollo, sino que servirán también como estímulo para el resto de la comunidad internacional. Si los fondos se aplican a proyectos de inversión adecuados a los criterios de inversión de la empresa privada, es decir, con retorno a corto plazo, proporcionarían un importante impulso a las economías donde se hagan las inversiones y también a los países productores de alta tecnología, de donde se demandarán los bienes de inversión necesarios para acometer nuevos negocios. Lo ideal sería que se prestara directamente a las empresas y emprendedores de las economías menos desarrolladas del planeta, prescindiendo de la intervención de unos gobiernos de dudosa eficacia, y que además no se tuviera en cuenta la nacionalidad de la empresa que efectuara las inversiones, siempre que esta inversión se realizara en economías de bajo nivel de desarrollo.

Pero este grupo de acuerdos no solo trata sobre los incrementos de financiación de los organismos internacionales, sino que también promete reformar su funcionamiento, para que puedan asumir el papel preeminente que se les está otorgando. Para ello se prevé reformar las cuotas y el poder del FMI y del Banco Mundial, y se ponen las primeras bases para elegir el equipo de gestión de dichos organismos de modo más profesional que en la actualidad, donde prima el lugar de nacimiento sobre la experiencia profesional.

Como es evidente al leer estos acuerdos, hay un problema de desajuste temporal. Por una parte, se les encargan cometidos de gran importancia y urgencia, que implican la actuación de lo que serán estas instituciones tras la reforma, y por otro lado, se propone reformarlas en unos meses. Así pues, nos encontraremos con que asuntos capitales y urgentes están en manos de alguien que actúa de forma interina, ya que podría ser relevado en breve, con los problemas de falta de confianza e inseguridad que esta situación acarreará.

5. Para vigorizar el decaído comercio internacional, el G-20 ha acordado un tipo de acciones que se especifica en los acuerdos veintidós a veinticuatro. El primero es una especie de declaración de principios por el que los miembros del G-20 se comprometen a no levantar nuevas barreras al comercio y la inversión internacional, y además, si alguno de los miembros hubiese actuado de modo restrictivo, incluso en la parte que pueda provenir de un apoyo especialmente grande a las instituciones financieras dentro de los países por competencia desleal, o también la eventual dificultad que hayan puesto en práctica para restringir los flujos de comercio hacia el exterior, debería revertir esa situación. Por el contrario, se comprometen a incentivar tanto el comercio como la inversión internacionales, y a tal fin aseguran, se entiende que se refieren a sus mercados financieros, la posibilidad de que los 250.000 millones de dólares para mejorar el comercio internacional puedan obtenerse mediante la emisión de deuda y utilizarse.

También se comprometen, y esto es importante, a desbloquear la Ronda Doha, sobre la que ya hemos tratado con anterioridad, asunto que además piensan que es muy urgente, ya que, como se dice en el acuerdo veintitrés, ese desbloqueo conseguiría incrementar en 150.000 millones de dólares anuales los flujos del comercio internacional.

Por último, los reunidos se comprometen a seguir atentamente los acontecimientos en este campo, los que acabamos de exponer, y están dispuestos a reunirse las veces que sea preciso, o cuando así se lo demande la OMC, para su consecución.

6. Los acuerdos veinticinco a veintiocho, se refieren a la sostenibilidad de la recuperación y a que esta sea justa para todos los países del planeta, para lo cual apoyan todas las medidas ya tomadas para la ayuda al desarrollo en los países más pobres, incluida la que se refiere a la alimentación; es decir, acabar con el hambre. Para ello dicen que las anteriores medidas proporcionarán 50.000 millones de dólares para estos propósitos, y piden al FMI que venda sus reservas en oro para proporcionar 6.000 millones de dólares para incrementar la ayuda a los más pobres durante los tres próximos años.

Encargan también a la ONU (Organización de las Naciones Unidas) que ayude a conocer y supervisar el impacto de la crisis en las economías más débiles del planeta.

En el acuerdo número veintiséis se decide tener en cuenta los problemas sindicales y la discriminación en el empleo, así como promocionar la formación de los trabajadores. Para ello encargan a la Organización Internacional del Trabajo (OIT) el asesoramiento en las iniciativas a tomar.

El acuerdo veintisiete se refiere a que los estímulos antedichos sean ecológicos, y en el veintiocho reafirman su compromiso para frenar la amenaza del cambio climático.

7. El último acuerdo alcanzado, el número veintinueve, dice literalmente: «Todos los miembros del G-20 estamos comprometidos en trabajar conjuntamente con determinación para trasladar estos veintinueve acuerdos en acciones. Y acordamos también reunirnos otra vez antes del final de año para revisar los progresos de estos compromisos».

8. Por supuesto, este G-20 ha acordado muchas más cosas concretas que lo anterior y se presenta como un responsable político de los acuerdos que se han tomado y para pedir cuentas a los organismos internacionales a los cuales ha encargado acciones notablemente importantes.

En algunos casos, por ejemplo en la regulación financiera, los organismos encargados de su realización son capaces de imponer a través de la aceptación por parte de los mercados las normas y supervisiones que se pretenden instaurar, pero en lo que se refiere a la acción contra la baja de la actividad económica o del descenso del comercio internacional la ejecución está en manos de los gobiernos de los distintos países.

La organización del G-20 exige tomar los acuerdos por unanimidad, ya que no hay ni reglamento ni normas de votos ni sistemas de sanción para los incumplidores, por lo que su eficacia en caso de los desacuerdos que aparecerán seguramente a medida que se vayan desarrollando los hechos no tendrá más efecto que en los países de una dimensión relativamente pequeña para los cuales la amenaza de exclusión puede ser un poderoso argumento. En cambio, para grandes países en desacuerdo con otros grandes países, el funcionamiento del G-20 y todas las reuniones que se puedan celebrar para evitar los cismas serán irrelevantes.

6

Los Problemas de la Actual Crisis y Algunas Soluciones

1. La más importante causa de la urgencia de desarrollo económico en el mundo es, sin duda, el aumento de la población y la desigualdad en la distribución de la riqueza por países y por habitantes. Como hemos visto en el capítulo 1, esta situación estaba mejorando hasta el año 2007, pero el actual estancamiento económico, en la medida en que sea duradero, está incubando todo tipo de desajustes sociales que podrían acabar creando situaciones de enorme peligro para la humanidad.

Precisamente, el desarrollo acelerado, como hemos dicho, durante los primeros años del siglo xxi contribuyó a consolidar posiciones estables para cantidades crecientes de países y personas. Abandonar ese camino sería un gran error. Por tanto, el objetivo más importante no puede ser otro que continuar, tan pronto como sea posible, por la senda que se truncó en 2008.

2. Desde un punto de vista global el buen camino estaba apoyado en dos premisas: la economía globalizada y la demanda de bienes y servicios por parte de los países desarrollados del mundo, que desgraciadamente era a largo plazo insostenible porque estaba basada en un crecimiento inacepta-

ble del crédito en la mayoría de los países desarrollados. El hecho de que este aumento de crédito pudiera sostenerse estaba a su vez basado en una globalización financiera, en unos tipos de interés demasiado bajos y en la existencia de una moneda de reserva que permitía dar financiación semiautomática a desequilibrios sistemáticos de balanzas de pago que hubieran sido inasumibles de otra forma.

Estamos seguros de que esas disfunciones que han sido la base de esta gran crisis se pueden resolver. Hay otros problemas urgentes que analizaremos en este capítulo, pero estas dos disfunciones son fundamentales, y su solución contribuye a resolver los problemas a corto plazo, aunque su mayor efecto se logre a más largo plazo.

Recapitulando, las causas fundamentales del shock financiero de 2008 han sido la superabundante financiación de la economía mundial debido a unos tipos de interés excesivamente bajos, y el hecho de que los países que tienen moneda de reserva han podido endeudarse de manera exagerada, precisamente porque los activos valorados en sus monedas se consideran reservas necesarias para el mantenimiento de otras monedas, que naturalmente son excedentarias en su balanza de pagos.

Un ejemplo revelador es la acumulación de pagarés del tesoro de Estados Unidos comprados por el Banco Central Chino para dar rendimiento a sus reservas, es decir, a la acumulación de dinero debida a su balanza de pagos excedentaria. Eso significa que Estados Unidos no tiene que corregir su déficit con China, cosa que, si no hubiese tenido una moneda de reserva, habría tenido que hacer en algún momento.

Entre los acuerdos del G-20 se encuentra el de aumentar la emisión de DEG en 250.000 millones de dólares, pero eso no denota que los DEG se conviertan en la divisa única que sirva como moneda de reserva, y solo significa que se quiere dar mayor liquidez a los decrecientes intercambios internacionales, sin atacar el problema de una moneda de reserva que no sea de un país.

La alternativa habría sido que se transformasen en un plazo corto las reservas en cualquier moneda de los países que las posean en DEG, y que se emitieran con un valor acorde a una cesta de monedas que elabore el mismo FMI, asesorado por el FSB. El respaldo de esos nuevos DEG habría de ser la cesta de monedas cuidadosamente elaborada. Los países con excedentes de balanza de pagos que pusieran sus reservas en DEG estarían respaldados en el FMI por la cesta de monedas compradas en los diversos mercados de divisas e instrumentos financieros a corto plazo. Además, los intereses devengados por los DEG estarían compuestos por el conjunto de los intereses de las monedas que compongan la cesta.

No es el momento de especificar con todo detalle el funcionamiento de los DEG con respecto al conjunto del mundo y a los países individuales, pero se trata de evitar el déficit sistemático de algunos países fácilmente financiados porque poseen una moneda de reserva a nivel mundial. Este sistema evitaría el que un número creciente de naciones comprara oro como activo de reserva, y acabara apareciendo una nueva burbuja sobre el precio del oro, sencillamente porque las plusvalías de una carrera del oro serían mayores que cualquier tipo de interés.

El segundo aspecto de control mundial que sería deseable es el del manejo de los tipos de interés de los principales bancos centrales. No es nuestro propósito hacer la lista de los tipos de interés que sería deseable controlar, pero creemos que en estos momentos serían la Reserva Federal de Estados Unidos, el Banco Central Europeo, el Banco de Inglaterra y los bancos centrales chino, indio, japonés y ruso. Alrededor de esas monedas gira un porcentaje altísimo del total de monedas emitidas en el mundo.

Sobre estas monedas, al menos el FMI y el FSB deben ejercer especial vigilancia y evitar que el nivel de tipos sea inferior al necesario para evitar burbujas, analizando a su vez los mercados inmobiliarios y bursátiles para cortar de raíz posibles procesos de crecimiento de precios injustificado de esos activos, o sea, nuevas burbujas. Es decir, comprobando que se llevan a cabo los movimientos correctos de tipos de interés.

3. Otra área en la cual se deben encontrar acuerdos internacionales es la modificación de la regulación y supervisión financiera. No es la actividad más urgente, sobre todo en alguno de sus aspectos, pero algunos otros sí lo son, y todos son relevantes.

Como ya hemos escrito, las reformas deberían versar sobre los siguientes aspectos de la actividad financiera:

a) Exigencia de buen gobierno en las empresas financieras, coticen o no en bolsa. Los consejeros y gestores no solo deben responder de sus actos si estos son contrarios a las normas legales, sino que también debe exigírseles responsabilidad por negligencia, lo que significa que la excusa de la ignorancia sobre lo que ocurre en su empresa no es válida; es más, debería ser un agravante.

b) De manera mucho más urgente deben estudiarse tres tipos de normas necesarias. Un sistema eficiente de calificación de riesgos basados en los trabajos de Basilea II y que deberían proponer los reguladores y supervisores financieros, tanto bancarios como de valores. Y el resultado, que es urgente obtener, debe calificar los principales balances de cara a la jurisdicción y establecer un método común de calificación de riesgos, que una vez rodado, pueda dejarse en manos de empresas privadas.

   Paralelamente es necesario determinar unas reglas homogéneas de contabilidad financiera comunes a todo el planeta. Las reglas se aplicarían también a todos los emisores, financieros o no, que concurrieran a los mercados financieros. Existen ya las NIC (Normas Internacionales de Contabilidad), que deberían ser la base de esa unificación. Estas y las normas contables americanas, que son diferentes y no deberían serlo, son un buen punto para comenzar.

   De acuerdo con estas dos formulaciones, riesgo y sistema contable, habría que establecer unos mínimos de fondos propios para todas las entidades financieras, tanto bancarias como no bancarias, aunque para estas últimas disponemos de más tiempo.

   La coordinación de este trabajo se encomendó al FMI y el FSB en la reunión de abril de 2009 del G-20.

c) En cambio, en dicha reunión no se acordó nada sobre los analistas financieros y los intermediarios no bancarios, cuando, analizando lo sucedido en la crisis actual, resulta evidente que son unos de los colaboradores necesarios para llegar a la situación actual.

   Está claro que los analistas que trabajan por su cuenta o por cuenta ajena, y especialmente las empresas de intermediación no bancaria, deben dividirse en alguno de los siguientes cuatro grupos y obtener sus ingresos de forma natural de uno solo de ellos.

   - Las empresas colocadoras de emisiones no deben ser además asesoras de carteras ni de instituciones de inversión colectiva, y no deben publicar análisis sobre ningún tipo de empresas.

- Las empresas gestoras de patrimonios, bien sean de particulares, de fondos de inversión, de fondos de pensiones u otros patrimonios, deben dedicarse solo a esa labor y obtener como ingresos únicamente las comisiones de gestión y ninguna otra comisión.

- Los profesionales que sean intermediarios de la contratación en los mercados financieros deben dedicarse y vivir solo de esos ingresos, como en los casos anteriores.

- Y, por último, pero no menos importante, las casas de análisis de mercados financieros deben vivir de los ingresos por venta de dichos análisis y de nada más.

Si los principales países del mundo están de acuerdo, la implantación generalizada está asegurada, ya que su incumplimiento impedirá acceder a los mercados internacionales de financiación, y en un mundo globalizado pocos países pueden subsistir sin ellos. El hecho de que se encargara la coordinación al FMI y al FSB significa de hecho que las reformas dependerán de la aprobación de estos dos organismos.

4. Las acciones urgentes que pueden salvar la situación actual de crisis mundial se refieren a tres aspectos bien conocidos por todos. En primer lugar, el saneamiento del sistema bancario en algunos países; un segundo punto se refiere a la parálisis económica de los últimos meses, y el tercero a la sorprendente, no por lo impredecible sino por su evolución, y drástica disminución del comercio internacional.

Sobre el primero de estos problemas, el saneamiento del sistema bancario, es en el que más hincapié se ha hecho hasta el momento, de tal manera que podría darse por resuelto a mediados del año 2009. Cuando hablamos de solución, nos estamos refiriendo solo al saneamiento de los llamados activos tóxicos en poder de los bancos, que les llevaron a la crisis de 2008. Sin embargo, en ese saneamiento no se han incluido todavía los efectos sobre el sistema financiero que ha estado ejerciendo la decreciente actividad económica. No es solo urgente determinar en qué medida los activos bancarios son tóxicos, sino cuáles serían las necesidades de capital de los bancos después de que se reflejen en ellos los problemas derivados de la baja actividad económica. Luego, no solo hay que determinar el volumen de los activos con problemas o tóxicos de los bancos en algunas naciones, sino que además en todos ellos habría que evaluar qué nuevas necesidades de capital va a tener el sistema bancario en el caso de que el descenso de actividad se prolongue. A ello se refiere el llamado Stress Test, mediante el cual se trata de medir la resistencia de una entidad financiera ante un deterioro razonable de sus fuentes de ingresos, y el aumento de los gastos debidos a fracasos en los créditos concedidos por razones de baja coyuntura económica. En su conjunto, y teniendo en cuenta que el modelo elegido acertadamente de saneamiento es el de la reposición del capital necesario para el funcionamiento normal de la entidad financiera, este saneamiento total podría costar unas decenas de miles de millones de dólares que en principio serían menos gravosas que cualquier deterioro de la actividad económica sobre el ya existente debido a una nueva crisis financiera de segunda ola.

El segundo aspecto, el deterioro de la actividad económica, es el que más prisa corre resolver por su trascendencia en la vida normal de países, empresas y personas, y porque puede dar lugar a un círculo vicioso de nivel mundial como nunca se ha conocido en la historia.

Para atacar este problema se han utilizado dos armas: una rebaja de tipos de interés hasta niveles próximos a cero, que se complementa con un incremento de la liquidez proporcionada por los bancos centrales por cantidades jamás vista, y en segundo lugar, un esfuerzo de inversión y, desafortunadamente, también de gasto de los estados que está previsto financiar con deuda.

Como sucedió en el caso de Japón en 1990 y como se puede estudiar en cualquier manual de economía, el descenso de los tipos de interés por debajo de un cierto límite y el aumento del dinero insuflado en el sistema por los bancos centrales no han funcionado como método para impulsar la economía. Eso es un hecho y no vale la pena insistir más sobre ello.

Los gastos corrientes de las administraciones públicas solo sirven para incrementar la actividad económica por el valor como máximo del aumento de gasto. No se consigue con ello un aumento de la actividad que se alimente por sí mismo, es por tanto un mal método de incentivar la economía.

Por último, las inversiones productivas a corto plazo, aunque sean financiadas con déficit, son las únicas que pueden dar un impulso a una economía decaída. Vale la pena recordar que el impulso de crecimiento logrado a partir de la Segunda Guerra Mundial se debió a dos razones muy importantes. La primera, porque reconstruir lo devastado por la guerra significaba con toda seguridad un gran aumento de producción a corto plazo. Y la segunda, porque las inversiones que se hicieron en países devastados o no devastados se realizaron añadiendo los avances tecnológicos que se habían producido durante la contienda. Como no se trata de hablar de guerras, en el caso actual las inversiones deben hacerse en los lugares más productivos de la economía mundial, y por supuesto teniendo en cuenta las últimas novedades tecnológicas.

Entre los acuerdos del G-20, uno muy apropiado fue destinar 100.000 millones de dólares a través de los bancos de desarrollo regionales para la inversión en países en vías de desarrollo.

Teniendo en cuenta que en dichos países la inversión es más productiva, no solo serán importantes en los lugares en que se realicen, sino que tendrán con toda seguridad aumentos de producción sostenible en esos países y en los países desarrollados. Como ya hemos dicho en el capítulo anterior, lo importante es que esas inversiones fueran dirigidas a proyectos llevados por empresas fiables, y no a través de los gobiernos de países en vías de desarrollo, que son en algunos casos de mucha menor fiabilidad.

Es evidente que inversiones productivas a corto plazo realizadas en cualquier país son también un incentivo para la actividad económica global, pero en este caso, como en muchos otros, una acción coordinada sería de enorme utilidad.

Desgraciadamente, el G-20 no es una organización que pueda exigir al conjunto de los países ningún tipo de acción; por tanto, el impulso que pueda recibir la economía mundial a través de estas selectas inversiones podría ser una solución rápida, pero no parece que sea una opción realista en estos momentos.

Evitar el descenso del comercio internacional es por supuesto un fin en sí mismo, y un índice fiable de que la actividad económica mejora. Por eso puede decirse que el volumen de comercio internacional repuntará en la medida en que la actividad económica mejore. Entre los acuerdos del G-20 está el proporcionar líneas de crédito abundantes para que no se frene el comercio internacional por falta de financiación. Probablemente es todo lo que se puede hacer en la situación actual. Pero el riesgo que corren los flujos del comercio internacional, a parte de por la baja actividad económica, es el incremento del proteccionismo y el riesgo de las devaluaciones competitivas para lograr ventajas de un país sobre los otros. No son extrañas en la situación actual que se pretexten razones sanitarias para frenar las importaciones de otros países. El problema es tan importante y tiene tanta repercusión en la actualidad que uno de los acuerdos del G-20 es que los participantes se comprometen a no utilizar prácticas restrictivas en el comercio y, lo que es más revelador, también se comprometen a anular las que ya se habían puesto en vigor.

Un vez más, y a pesar de declaraciones solemnes, las acciones dependen de los estados y lo único que se puede hacer desde un punto de vista global es sacarles los colores en las reuniones internacionales. Esta acusadora labor se le encomienda a la OMC.

Hay todavía un punto más en lo que se refiere a la promoción del comercio, que es avanzar en los acuerdos de Doha, pero los desacuerdos actuales versan sobre dos temas candentes. Uno de ellos es el respeto a la propiedad intelectual, donde hay un grupo de naciones muy poco proclives a hacerlo. Y el otro gran contencioso es la excesiva protección de los productos agrícolas por parte de los países desarrollados, y tampoco estos últimos parecen muy dispuestos a dejar de subvencionar a sus agricultores. En todo caso, si la Ronda Doha avanza, será una excelente señal de que los países están dispuestos a actuar de manera conjunta.

5. De las acciones que se van a tomar o se han tomado ya en los países implicados en la crisis se deduce que la situación financiera en el momento en que comience a moverse de nuevo la economía será de una enorme liquidez y con un volumen de deuda pública como nunca se había visto ni en tiempos de guerra. Lo normal es que, si no se tienen previstas medidas determinadas, la inflación sea en ese momento el problema número uno, con lo cual volveríamos a estar en el sitio de partida, una financiación excesiva que conduciría de nuevo a una crisis, por lo que las eventuales mejoras se convertirían en papel mojado.

En ese momento, el papel del FMI y el FSB será enormemente relevante y el apoyo a sus decisiones debería ser unánime por parte de los países más poderosos. Para evitar sorpresas, un plan de aumento de tipos de interés debería estar confeccionado tan pronto como fuese posible, y el apoyo a ese plan asegurado, si no por todos los países, sí por una gran mayoría sin que ninguno de los países grandes esté en desacuerdo.

Como consecuencia de las acciones de los gobiernos, el volumen de deuda será, como ya hemos dicho, extraordinariamente alto. Conviene pues tener un plan de reducción de la deuda. La creación de los déficits estatales a consecuencia de la crisis es de tres tipos: la deuda generada para utilizarla en el saneamiento del sistema financiero, la deuda que se deriva del plan de inversiones extraordinario y la deuda que se crea por el déficit corriente debido a la reducción de ingresos fiscales por la baja actividad económica.

La devolución del primer tipo de deuda debe establecerse de tal forma que, cuando puedan venderse en los mercados las acciones suscritas para el saneamiento del sistema financiero, el dinero ingresado debe dedicarse totalmente a la amortización de la deuda. Como hemos mencionado ya, las inversiones con deuda para promover la economía deben ser rentables a corto plazo, de una manera medible y cobrable, y por tanto esos cobros deben dedicarse al pago de la deuda generada por esas inversiones. Si se invierte en una carretera para mejorar la actividad económica, la carretera debe ser de peaje, y los ingresos del mismo dedicarlos a la amortización de la deuda. El tercer tipo de deuda, la creada por los gastos corrientes que son superiores a los ingresos corrientes, debido a la crisis, deberá amortizarse en plazos concretos en cuanto el crecimiento del PIB sea superior a una determinada cifra, que debe establecer una vez más el FMI.

6. Teniendo en cuenta que las principales acciones están en manos de los estados concretos, consideramos que una de las tareas urgentes es lograr que estos actúen de manera coherente, para lo cual se han tomado ya algunas medidas que, aunque son insuficientes, al menos nos marcan el camino por el que debería discurrir la acción global.

Entre los acuerdos del G-20 se citan dos que tienen que ver con la reorganización tanto del FMI como del FSB, y además se confiesa que sería deseable que ambos organismos estuviesen manejados por personas de alta cualificación personal y de baja influencia política. Si eso es así, sería recomendable que ambos organismos tuvieran poderes ejecutivos más amplios que los actuales, y que los países del G-20 u otros se vieran obligados a seguir sus indicaciones de una manera vinculante. Evidentemente, surgirán clamores sobre la independencia de los países, pero la situación mundial y el efecto de la muy nombrada globalización están exigiendo un poder económico mundial con una cierta capacidad de mando sobre todos los países.

En el primer acuerdo del G-20 se dice que la crisis es global y que para su solución son necesarias acciones globales. Si no se dan más poderes económicos a las organizaciones internacionales que se han elegido, el riesgo de que la solución no sea global es bastante alto.

Esta dificultad no es menor en una organización como la Unión Europea, cuya cohesión parece aceptable, pues resulta que las acciones para hacer frente a la crisis se están tomando en orden disperso, unilateral y contra el criterio de algunos de los estados.

Hay un aspecto en el que la coordinación y la rapidez son muy importantes. La inversión excepcional para estimular la economía debe hacerse pronto y de manera coordinada. Nada indica que vaya a ser así, y, no obstante, hay al menos un tipo de inversión que, siendo coordinado y comenzando rápidamente, podría tener efectos beneficiosos para el mundo a corto plazo, y a más largo plazo cumpliendo los objetivos señalados. Nos referimos a una inversión masiva en centrales nucleares en países con pocos recursos energéticos. En efecto, la inversión puede empezar pronto, puede producir efectos a más largo plazo en la actividad económica de los países donde se construyan y puede ser un eficaz acicate económico también en los países desarrollados capaces de manejar la tecnología en el corto plazo. La deuda de su construcción será amortizada por la venta de la energía a mayor o menor plazo, pero de manera segura.

Debemos insistir una vez más en que si la acción conjunta no está dirigida de un modo coordinado por organismos internacionales independientes en su actuación corriente corremos el riesgo de no poder manejar la crisis ni conducir a la salida de la misma.

Aunque nuestras conclusiones encaminan a un cierto pesimismo, probablemente no hay que caer en el derrotismo, ya que asuntos que pensábamos que eran difícilmente resolubles o, mejor dicho, planteables, sí se han abordado en el G-20 e incluso hay libros de ruta para su realización. Tan solo queremos dejar patente la dificultad de la actuación conjunta. Con todo, en el caso de que la coordinación no funcione en un primer momento, las fuerzas del mercado llevarán la situación de la economía a un punto tan crítico que será imprescindible la coordinación y el trabajo solidario, aunque sea en una situación económica mucho menos favorable que la actual.

Segunda parte

La Senda Española hacia la Crisis de 2007-2008

7

El Caso Español: la Población y la Economía Española desde 1990 hasta 2007

1. La población en España

En 1990 la población en España era de 39,4 millones de habitantes, cifra muy parecida a la de los veinte años anteriores. Esta relativa estabilidad continuó hasta el año 2000, y desde luego hasta 1998, año clave para España, ya que en esa fecha nos adherimos a la moneda común de la Unión Europea: el euro.

Precisamente a partir de esa fecha, el crecimiento de la población activa y de la población ocupada creció de forma extraordinaria.

En la tabla 7.1. figuran datos sobre la población total, la activa y la ocupada, en algunas fechas clave. Lo primero que llama la atención es el crecimiento de la población desde que comenzó el siglo XXI. Venía creciendo a ritmos similares a los de los países desarrollados, de hecho de manera un poco más lenta, hasta 1998. A partir de entonces el crecimiento se ha acelerado de manera extraordinaria, hasta tasas de crecimiento muy diferentes a las de los otros países desarrollados y más parecidas a las registradas en los países en vías de desarrollo.

TABLA 7.1.

España: población total, población activa y población desocupada (en miles de personas)

Año	Población		Población activa		Población ocupada	
	Habitantes totales	Incremento anual	N.º	Población total (%)	N.º	Población total (%)
1981	37.747		13.553	35,9	11.521	30,53
1991	39.433	0,44%	15.668	39,7	13.015	33,01
1998	39.852	0,15%	16.991	42,6	14.122	35,44
2004	43.197	1,35%	20.184	46,7	18.288	42,34
2007	45.200	1,52%	22.190	49,1	20.356	45,04

Fuente: INE.

Como es bien sabido, este aumento de la población se debe a una gran explosión de la inmigración, que influyó especialmente en la población activa, aunque en esta última magnitud ha tenido también una gran influencia la incorporación de la mujer al trabajo fuera del hogar. En todo caso, el aumento de la población activa ha sido espectacular y casi de manera paralela al de la población ocupada. Durante el período contemplado, la proporción de población activa, es decir, en edad de trabajar y que busca activamente empleo, aumentó casi 10 puntos, desde el 39,7% hasta el 49,1%. Por su parte, la población ocupada, es decir, la que tiene trabajo, pasó del 33% hasta el 45%: 12 puntos porcentuales de crecimiento. Eso significa que la población activa ha crecido el 30, 6% en un período de nueve años, y la población ocupada, el 44%. En los diez años anteriores a 1991, la población activa había crecido poco más de 2 millones y la población ocupada 2,5 millones. El crecimiento de la población ocupada es absolutamente novedoso, ya que se había mantenido prácticamente estable en los diez años anteriores a 1991.

Tanto el aumento de la población como el de la población activa y ocupada son movimientos de trascendencia histórica en España, y tienen aspectos tanto positivos como negativos, que analizaremos en este capítulo, ya que son de capital importancia para explicar la economía española del año 2007 y la diferencia de nuestro comportamiento comparado con otros países desarrollados.

2. La situación de la economía española desde 1990

El siglo XX ha sido un siglo de éxito en lo que se refiere al crecimiento económico español. Ese éxito puede demostrarse de manera aún más justificada desde 1950, ya que desde ese año los datos económicos son mucho más fiables que en la primera mitad del siglo. En la primera mitad del siglo XX, la evolución de la economía española no fue demasiado diferente a la de Estados Unidos, que ya era la primera potencia económica mundial. En España, la Guerra Civil supuso un enorme retroceso en el desarrollo económico, pero en Estados Unidos la Gran Depresión fue también un episodio de destrucción de riqueza extraordinario.

En todo caso, desde 1950, la economía española ha reducido de modo espectacular el retraso sobre la economía de Estados Unidos. En 1950, el PIB de España era solo el 1,5% del PIB de Estados Unidos, y el PIB per cápita no llegaba al 10% del de los ciudadanos norteamericanos. En el año 2007, nuestro PIB era el 10% del de Estados Unidos, y el PIB per cápita cerca del 90% del de los ciudadanos estadounidenses.

Para obtener estos resultados, la política económica española se ha fijado siempre en objetivos de apertura al exterior, desde la abolición de los cambios múltiples que existieron en los años cincuenta, hasta la integración en el euro, pasando por la incorporación a la Unión Europea y la convertibilidad total (cambio a cualquier otra divisa) de la peseta.

Desde 1990 hasta la fecha, la política económica española tuvo dos objetivos distintos. Durante los primeros ocho años, el objetivo fue entrar en el euro a toda costa y desde el primer momento. Para ello hubo que realizar un plan de estabilización imprescindible después de los gastos extraordinarios pro cíclicos que supusieron los Juegos Olímpicos de Barcelona y la Expo de Sevilla, que acabaron provocando una recesión moderada a partir de 1993 y un crecimiento demasiado grande de la deuda pública.

Después de conseguido el objetivo de entrar en el euro, la política económica se centró en el crecimiento a toda costa, con la finalidad de alcanzar la media europea de los Quince en cuanto a renta per cápita, logro que al final se ha conseguido casi completamente; pero no de un modo adecuado como habría sido mediante mejoras en la productividad y en las innovaciones, sino por la creación de empleo de mayor o menor productividad impulsando la demanda a través del crédito, que era sencillo de conseguir tanto en el interior como en el exterior, en razón de los bajos tipos de interés, la gran liquidez internacional y la garantía que suponía la pertenencia al euro. Aunque la explosión de la burbuja de las punto com redujo las tasas de crecimiento durante algunos trimestres, se puede decir que las altas tasas de crecimiento se han mantenido desde el año 1990 hasta 2007. Hay que tener en cuenta que nos acercamos a la media de los Quince porque medimos la renta en euros corrientes, ya que la inflación en España ha sido bastante superior a la de la media europea durante todo el período.

El crecimiento anual de los años transcurridos entre 1991 y 1998 se muestra en la tabla 7.2. y, como puede observarse, el crecimiento del PIB en precios corrientes entre 1991 y 1998 fue del 72%, mientras que en precios constantes (descontada la inflación) solo alcanzó el 19,5%.

TABLA 7.2.

Crecimiento del PIB español en 1990-1998 (precios corrientes y constantes)

Año	Precios corrientes	Precios constantes
1991	10%	2,40%
1992	8,20%	0,90%
1993	3,60%	–1,10%
1994	6,80%	2,40%
1995	8,20%	2,70%
1996	6%	2,40%
1997	6,30%	3,90%
1998	7,10%	4,50%
Total 1991-1998	**71,95%**	**19,48%**

Fuente: Banco de España.

Esta importante tasa de inflación fue reduciéndose en los últimos años del período, precisamente porque era una de las condiciones para la entrada en el euro. Entre 1991 y 1996, el crecimiento de la inflación fue superior al crecimiento en términos constantes, mientras que en 1997 y 1998 el crecimiento en términos constantes sí fue superior a la inflación.

TABLA 7.3.

Crecimiento del PIB español en 1999-2007 (precios corrientes y constantes)

Año	Precios corrientes	Precios constantes
1999	8%	4,20%
2000	8,70%	5,00%
2001	8%	3,60%
2002	7,10%	2,70%
2003	7,40%	3,10%
2004	7%	2,70%
2005	8,10%	3,60%
2006	8,10%	3,90%
2007	7,60%	3,70%
Total 1999-2007	**96,03%**	**37,58%**

Fuente: Banco de España.

Como puede verse en la tabla 7.3., en el período comprendido entre 1999 y 2007 el crecimiento en términos corrientes fue de 20 puntos porcentuales superior al del período 1990-1998, pero ya había cambiado la moneda y en este caso no hubo ninguna devaluación contra el dólar, sino muy al contrario, una gran revalorización contra el dólar, hecho nada frecuente en nuestra historia económica. Y por tanto, nuestra fuerza de compra como nación creció de manera extraordinaria y bastante más de lo que podría desprenderse de este crecimiento del PIB. El incremento del PIB en términos reales, descontando la inflación, fue también muy superior al del período anterior, ya que el crecimiento medio anual fue superior en más de un punto porcentual. Pero al comparar el crecimiento en términos constantes con el crecimiento de la población, y sobre todo de la población ocupada, da un resultado por habitante o per cápita mucho menos interesante, ya que la población ocupada creció en el mismo período un 44%. Por tanto, nos encontramos con la paradoja de que mejoró constantemente el poder de compra frente al exterior de la población ocupada, pero eso no produjo un aumento similar de la producción por habitante. Es decir, los trabajadores españoles podían comprar muchas más cosas fuera de nuestro país y de la zona euro, pero en España y en la zona euro solo podían comprar unas pocas más. Si hacemos la misma cuenta sobre la población total española, nos encontramos con que el poder de compra de todos los ciudadanos españoles en el exterior creció aún más rápidamente, y la producción per cápita también creció con mayor rapidez que la población.

Para las familias, el bajo crecimiento de los salarios fue la consecuencia del bajo aumento de la productividad per cápita, pero se vio compensado por la mayor proporción de personas ocupadas. En todo caso, lo que ha sucedido en la economía española desde el principio del siglo XXI es que hemos crecido por incorporación de nuevos trabajadores y que el efecto de la fortaleza del euro ha dado un poder mucho mayor de compra exterior a la zona euro, a las familias y al conjunto de la economía. Como prueba de ello, durante estos años los españoles veraneábamos fuera de la zona euro con mayor comodidad que en nuestro propio país.

3. La evolución de la productividad

Lo analizado en el apartado anterior nos conduce al análisis de la productividad en todo este período. Como puede observarse en la figura 7.1., la productividad creció a un ritmo que podemos considerar lento entre 1991 y 1998, mientras que en el resto del período no se han registrado crecimientos. Esta situación es muy diferente a la de los cuarenta años anteriores a 1990, en los que la productividad por trabajador ocupado se incrementó en más de un 4% acumulativo anual y fue la causante de la transformación de un país subdesarrollado en una economía desarrollada.

FIGURA 7.1.

Índice de productividad en España (1991 = 100)

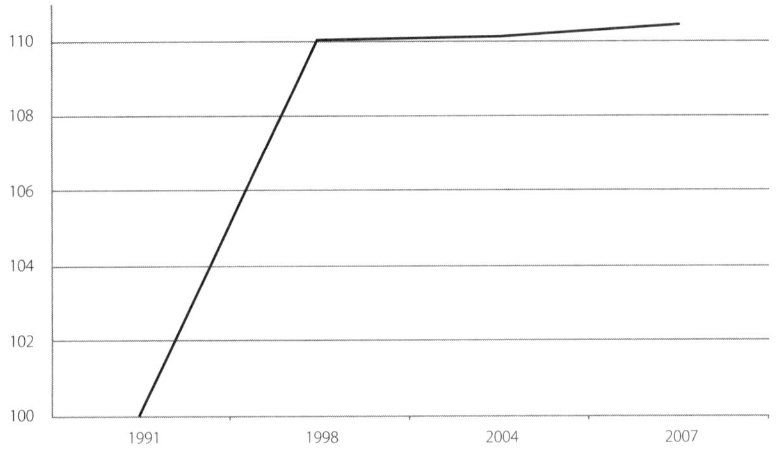

Fuente: Banco de España.

Precisamente en los momentos en los que la productividad en los países con economías emergentes crecía vertiginosamente, entre 1998 y 2007, nuestra productividad se estancó. Es muy importante recalcar que este período es el de la plena adopción de las TIC y los otros factores que han permitido la globalización, lo que hace que estos pobres resultados de productividad sean aún más preocupantes.

El estancamiento de la productividad no es debido al sector primario (la agricultura, la minería y la pesca), en el que la población ocupada ha descendido el 20% entre 1991 y 2007, mientras que la producción solo ha bajado el 5%. Ni siquiera se le puede atribuir al sector secundario (la industria), en el que en los diecisiete años estudiados el valor añadido creció un poco más del 22,8%, mientras que la población ocupada solo lo hizo el 13%. El problema está en el sector terciario (los servicios de todo tipo) y en la construcción.

En el sector de la construcción el número de trabajadores ocupados creció el 80%, es decir, 1,2 millones más de trabajadores, que ha mejorado la producción del sector solo el 66%. Pero seguramente el mayor causante de esta baja productividad es el sector servicios, cuyo número de trabajadores creció un 53%, es decir, 4,7 millones más de trabajadores, y su valor añadido solo lo hizo el 42,4%. Hay que advertir que en los servicios no de mercado (es decir, los funcionarios, entre otros) se calcula su valor añadido por su coste a efectos de la contabilidad nacional, ya que no existe una valoración de mercado de sus servicios (nadie paga directamente por ello), y esto produce alguna distorsión, puesto que es un cálculo de valor añadido convencional (es decir, por acuerdo directo y con poco o ningún fundamento teórico). En otras palabras, la productividad puede haber evolucionado peor aún de lo que refleja la media de los servicios, ya que en los servicios que no son de mercado la productividad crece como los salarios. También es importante decir que los servicios de todo tipo son más del 60% del PIB español. Además, la construcción y los servicios han aportado 5,9 millones de trabajadores de los 6 millones de crecimiento total de la población ocupada (figura 7.2.).

Efectivamente, la productividad de la construcción entre 1998 y 2007 bajó aproximadamente un 8%. En el sector servicios esta caída de productividad fue del 7% para el mismo período. En cambio, en la industria la productividad creció el 8%, que, aunque a primera vista y comparativamente con los dos sectores anteriores parece una buena cifra, es un crecimiento muy pobre si lo comparamos con lo ocurrido con la productividad industrial en el resto del mundo. Y, en último lugar, por lo que se refiere a la agricultura, la productividad creció un 18% debido fundamentalmente a la reducción del número de trabajadores ocupados, que han descendido a mayor velocidad que el valor añadido bruto del sector.

FIGURA 7.2.

Índices de productividad sectoriales en España (1998 = 100)

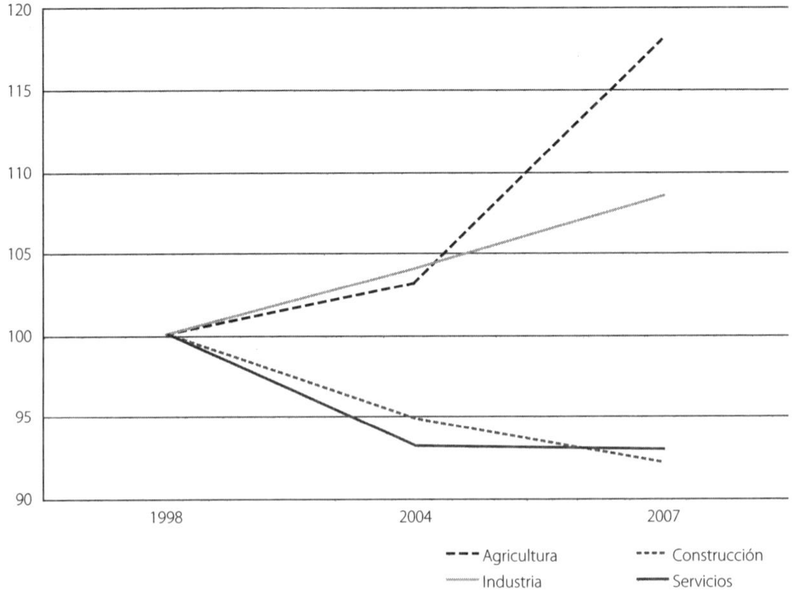

Fuente: Banco de España.

Ante estas condiciones de la productividad y la competitividad, realmente la economía española solo podía mantener las tasas de crecimiento mediante un gran endeudamiento con el exterior.

4. El endeudamiento de la economía española

En el período comprendido entre 1990 y 2007, el déficit corriente (es la diferencia entre las exportaciones de bienes y servicios y las importaciones de esos mismos productos, incluidos el turismo y las remesas de inmigrantes, que han alcanzado volúmenes apreciables en los últimos años) ha sufrido diversos avatares.

En los primeros tres años del período, de 1990 a 1992, fue relativamente importante, del orden de 20.000 millones de dólares al año.

Durante la anterior crisis ocurrida en nuestro país, la de 1993, y como efecto de las medidas restrictivas del plan de estabilización seguido, el déficit corriente disminuyó hasta una media anual de unos 4.000 millones de dólares hasta el año 1998. Desde 1999 hasta 2003 volvió a crecer hasta los 20.000 millones de dólares al año. Y desde 2003 en adelante creció de manera espectacular, hasta alcanzar prácticamente los 150.000 millones de dólares registrados en 2007 (figura 7.3.), que es el 10% del PIB anual de ese año. Hay que destacar no solo el volumen alcanzado en 2007, sino su gran crecimiento, ya que en 2003 era de 31.000 millones de dólares.

FIGURA 7.3.

España: déficit por cuenta corriente (datos en millones de euros)

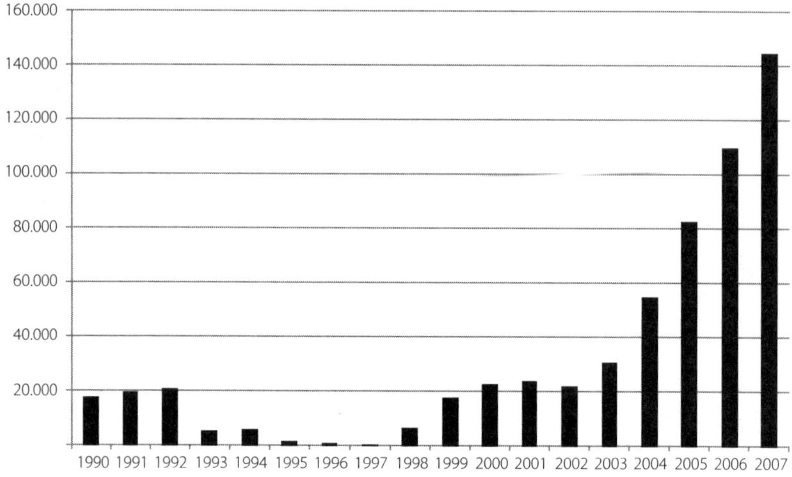

Fuente: Banco de España.

Como ya hemos dicho, la entrada en la moneda única dio un poder de compra a la economía española que se aprovechó para inversiones en el exterior, ya que, dada la fortaleza del euro, era relativamente barato comprar empresas fuera de la zona euro. En principio, estos activos no son líquidos pese a su gran valor, sobre todo en momentos de crisis, cuando hay menos posibilidades de venta; sin embargo, no tuvimos inversiones o, mejor dicho, contrapartida de inversiones de empresas extranjeras en España, principalmente a partir de 2003. Y por tanto nos endeudamos con créditos, en principio a vencimiento inferior a la vida de las inversiones en el exterior. Así pues, el endeudamiento neto de la economía española creció más deprisa que el déficit corriente, alcanzando niveles altísimos en 2007, como puede observarse en la figura 7.4.

FIGURA 7.4.

El endeudamiento de la economía española (datos en millones de euros)

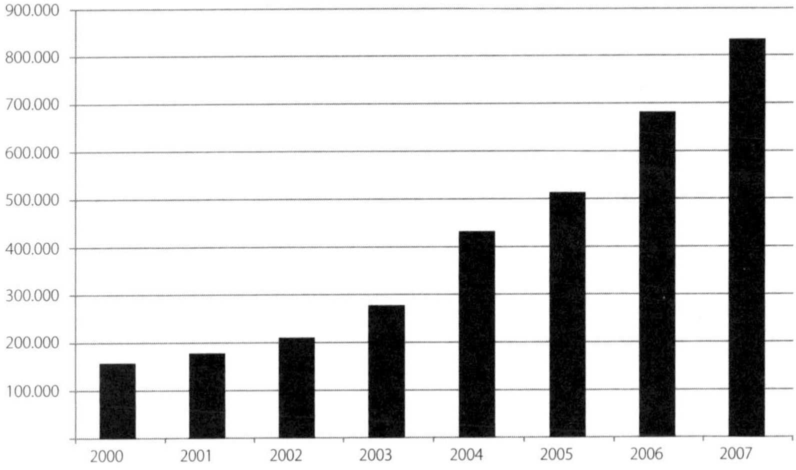

Fuente: Banco de España.

Efectivamente, la diferencia entre créditos y débitos en la economía española de todos sus sectores, es decir, de las empresas, las familias y el sector público, era de poco más de 158.000 millones de euros en 2000, mientras que a finales de 2007 era ya de 836.000 millones de euros, que es aproximadamente el 85% del PIB de ese año.

De esas deudas con el exterior, las instituciones financieras —bancos y cajas de ahorros— debían 484.000 millones de euros, y que comprenden deudas de las familias, principalmente a través de hipotecas vendidas en el exterior y otras deudas, el sector público debía del orden de otros 200.000 millones en el exterior, y los restantes 300.000 millones eran debidos fundamentalmente por las empresas y un poco por las familias, cuyo endeudamiento principal es hipotecario y está comprendido en el saldo de las instituciones financieras.

Además, cada año, teniendo en cuenta el saldo de la balanza de pagos más las inversiones netas en el exterior, creció a una velocidad superior a los 100.000 millones de euros al año; incluso durante 2008 y a pesar de la crisis el saldo ha seguido creciendo. Y por tanto había que renovar los créditos que vencían cada año y además obtener financiación para otros 100.000 millones de euros al año. En esta situación, un corte brusco de la financiación internacional ha tenido repercusiones mucho más importantes en España que en el resto de economías desarrolladas, con la muy conocida excepción de Estados Unidos.

En su conjunto, pues, la situación de la economía española presentaba síntomas inquietantes bastante antes del crac financiero mundial de 2007, e incluso es razonable pensar que, de no haber existido dicho crac, la situación financiera habría tenido problemas de consideración, sencillamente por la acumulación de deudas, que hubiesen impedido seguir creciendo a ritmos elevados.

8

La Economía Financiera Española, el Viaje hacia la Crisis

Como en muchos otros países del mundo desarrollado, la economía financiera española creció de una manera espectacular entre 1990 y 2007. En España, entre otros países, tenemos la suerte de disfrutar de una contabilidad financiera de la economía confeccionada por el Banco de España, que está a la altura de la elaborada por el mejor banco central mundial, en cuanto a datos se refiere. De hecho, su metodología ha sido el modelo seguido por el resto de los bancos centrales de la zona euro, por indicación del Banco Central Europeo. Con estos excelentes datos es posible analizar en gran detalle los balances financieros de la economía española en su conjunto y por sectores.

1. Los balances financieros de la economía española

En la figura 8.1. puede verse que, aunque el PIB español ha crecido en euros corrientes (sin descontar la inflación) hasta casi multiplicarse por algo más de tres en el período analizado, es decir, entre 1990 y 2007, los pasivos financieros de todos los sectores de la economía, como expresión del crecimiento de la economía financiera, se han multiplicado casi por nueve. Además, el ritmo de crecimiento de los pasivos financieros se ha acelerado notablemente, en concreto desde el ingreso de España en la moneda única en 1998. Después de la crisis de las punto com, que comenzó en 2000 y terminó en 2002, el crecimiento de la economía financiera se ha acelerado aún más.

FIGURA 8.1.

Crecimiento del PIB *versus* crecimiento de los pasivos financieros (en billones de euros)

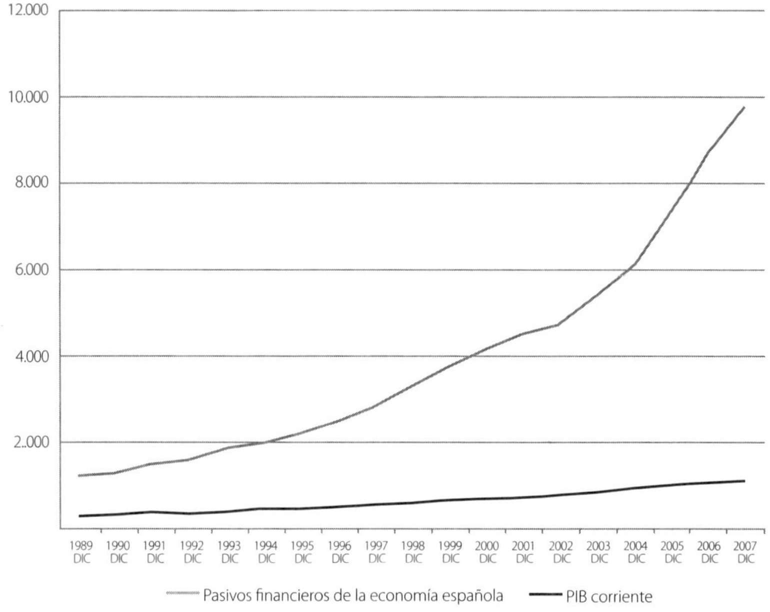

Fuente: Banco de España.

Como en todas las economías desarrollada en los primeros años noventa, el causante del desarrollo del sector financiero fue el déficit de las administraciones públicas, que se compensaba con un crecimiento también extraordinariamente alto del ahorro acumulado por las economías domésticas. Los activos financieros de las familias pasaron de ser de

370.000 millones de euros en 1990, alrededor del 125% del PIB de aquel año, a los 1,9 billones de euros de 2007, alrededor de un 185% del PIB. Como es bien sabido, los activos financieros crecen en función del ahorro no invertido por cada uno de los sectores de la economía financiera.

Se entiende como ahorro de las empresas, financieras y no financieras, la suma de los beneficios después de impuestos no distribuidos más las amortizaciones, y cuando a esta cantidad se le restan las inversiones realizadas en el período, la diferencia se denomina capacidad de financiación, si es positiva, y necesidad de financiación, si es negativa.

En el caso de las familias se considera ahorro la parte de la renta disponible no gastada en consumo; así pues, la inversión en vivienda se debe considerar como un ahorro. De la misma manera, cuando el ahorro es superior a las inversiones, se dice que tiene capacidad de financiación, y cuando el ahorro es inferior a las inversiones se habla de necesidad de financiación.

El sector público está constituido a efectos de contabilidad financiera por todas las administraciones públicas (Estado, comunidades autónomas y municipios). El ahorro de este sector es la diferencia entre los ingresos y los gastos corrientes. Si a esa diferencia se le restan las inversiones, puede suceder que el resultado sea positivo o negativo. Cuando es positivo, se dice que tiene capacidad de financiación, que coincide en ese caso con lo que se llama superávit, y cuando es negativo, coincide con el déficit y se llama necesidad de financiación.

Por regla general, las familias tienen capacidad de financiación, ya que invierten menos de lo que ahorran; la diferencia se deposita en activos financieros y, por tanto, su balance financiero crece anualmente y suma su capacidad de financiación cada año. Las administraciones públicas durante mucho tiempo han tenido déficits cada año y, por tanto, para financiar esos déficits han tenido que aumentar sus deudas, es decir, han tenido necesidad de financiación, que se va acumulando año tras año mientras no obtengan superávits para enjugar las deudas. En este caso, la necesidad de financiación acumulada coincide con el volumen de deuda pública emitida. Las empresas no financieras suelen invertir más que ahorrar, por lo que las necesidades de financiación acumuladas son su pasivo, que coincide en cada momento con la suma del valor de sus acciones más las deudas que tienen con el resto de los sectores. Y, por último, las empresas financieras acostumbran a ahorrar más de lo que invierten y acumulan pasivos que realmente son capital. Pero en el conjunto tienen muy poca importancia, ya que su juego en las cuentas financieras es la interrelación entre los otros sectores.

En las figuras 8.2., 8.3. y 8.4. se representa la situación de los tres sectores más importantes de la economía financiera española, que son las administraciones públicas, las empresas no financieras y las familias. En ellas se muestra claramente lo que ha sucedido en el ahorro y los balances financieros durante los años analizados.

FIGURA 8.2.

Patrimonio financiero neto de las familias españolas (en porcentaje del PIB)

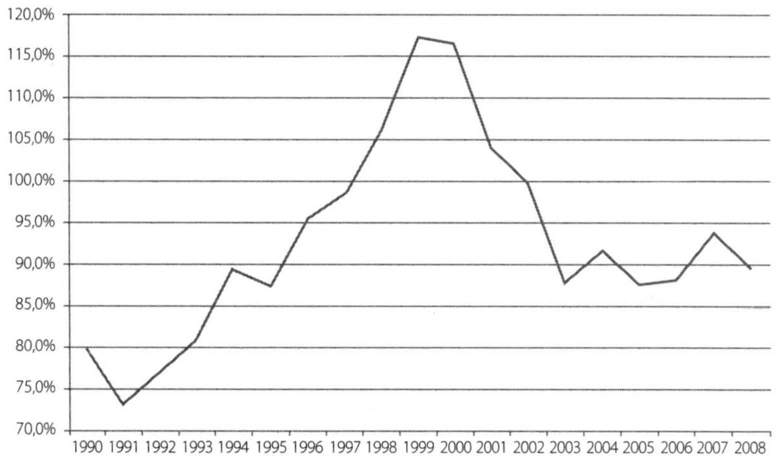

Fuente: Banco de España.

En la figura 8.2. se presenta la posición neta de ahorro de las familias, es decir, sus activos menos sus pasivos, y se la compara con el PIB a precios corrientes del período 1990-2007. El patrimonio neto comprende el valor de todos los activos en los que puede invertir una familia, menos sus deudas. En la figura se puede observar que esta proporción creció de manera muy aguda hasta el año 1999, y a partir de entonces comenzó a descender muy pronunciadamente hasta que terminó la crisis de las punto com, a finales de 2002, para luego mantenerse relativamente estable, en un nivel similar al que tenía en 1996. Es decir, que el patrimonio financiero de las familias aumentó de modo muy notable y bastante más rápido que el PIB hasta el año 1999, luego disminuyó de forma abrupta como efecto en la riqueza de las familias de la crisis punto com, que, como todos sabemos, arrastró a la baja las cotizaciones en bolsa y con ellas los fondos de inversión, los de pensiones, los seguros de vida y las acciones en poder de las familias directamente. Este desplome tan pronunciado tuvo otro factor fundamental e incluso de mayor importancia que la caída de valor de las inversiones de las familias, el endeudamiento de las familias para comprar viviendas. Y pese a que lo normal es que con las recuperaciones de los valores bursátiles ocurridas después de 2003 y hasta 2007 su proporción con respecto al PIB debiera haber mejorado, el creciente endeudamiento de las familias para adquirir viviendas compensó totalmente ese incremento de riqueza. Ello indica hasta qué punto fue importante el efecto financiero del boom inmobiliario vivido en España desde 1996 hasta 2007.

Como podemos ver en la figura 8.3., las administraciones públicas tuvieron necesidades de financiación acumuladas, que llegaron a significar el 50% del PIB en 1996, y desde entonces se han ido recuperando en proporción al PIB, por un lado, porque los déficits han sido inferiores después de 1996 al crecimiento del PIB, y por otro, como resultado de la política adoptada por los gobiernos españoles de control del déficit público.

FIGURA 8.3.

Endeudamiento neto de las administraciones públicas (en porcentaje del PIB)

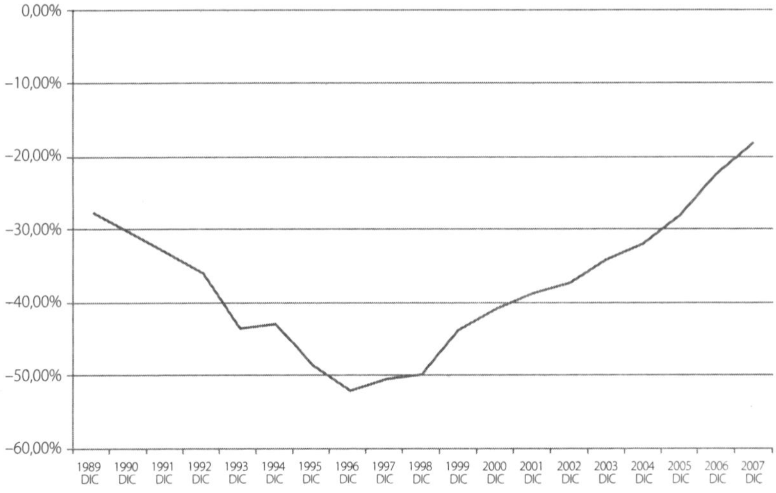

Fuente: Banco de España.

En la figura 8.4. hemos realizado el mismo cálculo que en los anteriores para el sector de empresas no financieras, que hasta el año 1994 mantuvieron prácticamente un equilibrio entre el crecimiento del PIB y el de su endeudamiento; desde esa fecha y hasta 1999 aumentó el endeudamiento de las empresas no financieras con bastante mayor rapidez que el PIB. Una vez más debido a las crisis de las empresas punto com, se rebajó el endeudamiento en relación con el PIB, y desde 2002 hasta 2007, los años dorados del crédito barato, la proporción de la deuda acumulada con respecto al PIB prácticamente se duplicó en solo cuatro años, hasta ser algo superior al 155% del PIB. Hay que tener en cuenta para entender esta figura que el valor de las acciones de las empresas no financieras forma parte del pasivo de las empresas, y por tanto la cotización bursátil tiene influencia en la evolución del pasivo.

FIGURA 8.4.

Endeudamiento de las empresas no financieras españolas (en porcentaje del PIB)

Fuente: Banco de España.

Si agregamos las tres situaciones anteriores de forma algebraica (es decir, sumándolas con su signo), obtenemos la figura 8.5. En ella podemos observar que entre 1990 y 1996 el déficit creció mucho, se multiplicó por tres, pero era manejable. Entre 1997 y 2000, prácticamente se duplicó, lo que empezaba a ser preocupante pero aún manejable. Durante los siguientes cuatro años se mantuvo estable. Pero a partir del año 2004 creció de manera exponencial hasta alcanzar niveles muy preocupantes, es decir, con un endeudamiento de tal volumen y tan creciente que es difícil creer que fuera posible haber seguido así mucho más tiempo, aunque no hubiese habido una crisis internacional.

FIGURA 8.5.

Endeudamiento de la economía española (datos en millones de euros)

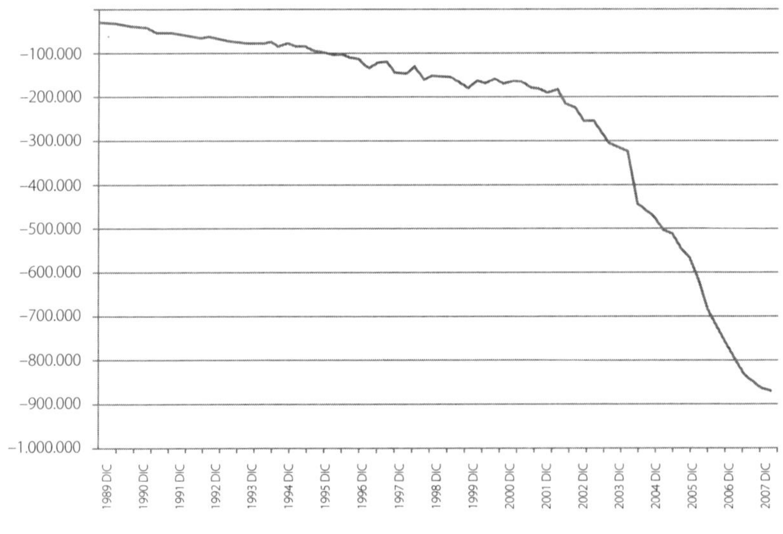

Fuente: Banco de España.

La evidencia del estudio de las cuentas financieras de la economía española es que para continuar con el ritmo de crecimiento que tuvimos hasta el año 2002 hemos necesitado cantidades enormes de dinero procedente del exterior que nos llevaron en el año 2007 a deber aproximadamente el 85% del PIB. Eso significa que seríamos capaces de saldar dicha deuda solo a cambio de todas las posiciones financieras de las familias; es decir, que necesitaríamos todos los activos financieros (billetes, cuentas corrientes, depósitos, fondos de inversión, fondos de pensiones, acciones, bonos del Estado y seguros de vida) para pagar las deudas contraídas por la economía española con el exterior.

Estos déficits y superávits y sus movimientos son los que explican la diferencia de crecimiento entre la economía real, aún a precios corrientes (sin descontar la inflación), y la economía financiera. Probablemente España es uno de los países en los que esta relación se ha vuelto más dispar, aunque, como hemos visto en la primera parte del libro, este ha sido un proceso generalizado en el conjunto de las economías de mercado, y más específicamente en las economías desarrolladas.

2. Los mercados de valores

Los mercados de deuda pública y de bolsa han crecido también durante el período 1990-2007 a un ritmo sin parangón en la historia. Las transacciones con deuda pública, sin contar con los repos, ya en el año 2000 eran dos veces superiores al valor del PIB español, mientras que en 1990 la actividad de estos mercados era bastante menor que el valor del PIB de aquel año.

Pero la explosión de los mercados de acciones ha sido muy superior en crecimiento a cualquier otro de estos mercados; han sido los años dorados de la bolsa. En los primeros años noventa el volumen de transacciones de acciones en bolsa era apenas el 6% del PIB (unos 18.000 millones de euros), en 2007 fue superior al 160% del PIB de aquel año. Hay que tener en cuenta, además, que el mercado de valores español tiene una participación extranjera del orden del 50%, que si bien ha supuesto inversiones extraordinariamente importantes durante este período de crecimiento, también lo ha expuesto a las variaciones de los mercados internacionales, como se demostró, no solo en la crisis de las punto com, entre 2000 y 2002, sino también en la crisis que estamos analizando.

Durante los años noventa el grueso de la valoración de las acciones cotizadas en bolsa estaba centrado en los tres sectores tradicionales de la bolsa española: por una parte, las telecomunicaciones (Telefónica lleva cotizando en bolsa desde 1925), el segundo sector al que nos referimos es el bancario, y, finalmente, el sector eléctrico y gasístico, que siempre ha tenido una gran importancia en la bolsa española. A partir de 2002, el sector de las telecomunicaciones, pese a tener el mayor número de empresas de su historia, perdió importancia relativa por la aparición de los dos sectores protagonistas de gran parte del crecimiento de los últimos años y de los más involucrados en la generación de la actual crisis, el de la construcción (aún hoy es uno de los grandes sectores a nivel mundial) y el inmobiliario, símbolo de la época de especulación que hemos vivido, que como buenos sectores cíclicos ya han cedido terreno contra el resto del mercado.

FIGURA 8.6.

Evolución del índice general de la bolsa de Madrid (IGBM)

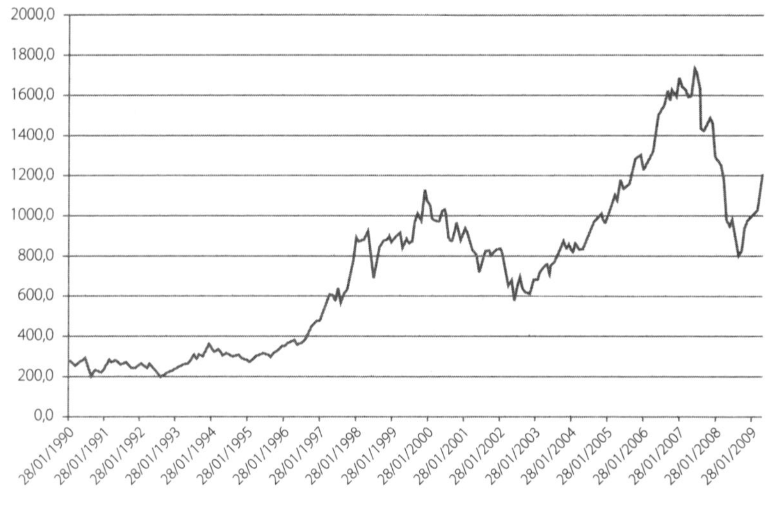

Fuente: Bolsa de Madrid.

Un fenómeno que ha ocurrido en la bolsa española y que ha creado no pocos problemas tanto a la bolsa misma como a la economía ha sido la compra de grandes paquetes de acciones de empresa cotizadas por parte de otras empresas, aprovechando el bajo nivel de los tipos de interés y la abundante liquidez, que ha llevado a realizar compras a valores demasiado altos para el rendimiento que producían vía beneficios y dividendos. Ese fenómeno en momentos de restricción crediticia produce estrangulamientos que acaban con la venta de los paquetes financiados a crédito a prácticamente cualquier precio.

En el año 2008 la bolsa española se encontró con tres puntos débiles: por una parte, el valor excesivo con vistas al futuro de las empresas inmobiliarias, sobre todo, pero también de las constructoras y empresas concesionarias de servicios públicos (desde autopistas a contratos de limpieza de ciudades, pasando por gestión de agua y similares). En segundo lugar, el hecho de que algunas empresas tuviesen grandes paquetes de acciones de otras cotizadas, comprados con créditos de difícil devolución en caso no solo de parón económico como el actual, sino también en condiciones que no fuesen las ideales. Y en tercer lugar, la importancia del sector financiero en la bolsa española, que fue tratado bajo el mismo rasero que el resto de sectores financieros del mundo, aunque no se había producido ninguna quiebra y que aún es posible que no se dé. Estos tres puntos débiles ya asomaban en el año 2007, que pese a ser alcista en su conjunto, lo fue debido a los grandes valores presentes en el Ibex-35 y no por grandes avances de los beneficios, sino por el gran número de operaciones corporativas que hubo. Pero ya los índices que comprenden los valores pequeños de la bolsa cerraron el año 2007 en negativo.

Esta mala evolución durante el año 2007 de los índices de bolsa que comprenden las compañías de baja capitalización bursátil fue un anticipo de lo que nos iba a deparar el año 2008, en el que las cotizaciones llegaron a ser un 50% inferiores a los máximos de finales del año 2007, y de los recortes adicionales que ocurrieron durante los primeros meses del año 2009 y que elevaron dichas pérdidas desde máximos hasta el 60%.

9

El Estallido de la Crisis en España

1. Los aspectos financieros de la crisis 2007-2008 en España

La primera percepción para los españoles de la crisis de las *subprime* fue que era un problema puramente estadounidense, que como mucho llegaba hasta donde estuvieran las entidades financieras norteamericanas y aquellos que habían comprado los productos estructurados basados en titulizaciones de hipoteca *subprime*, es decir, limitado a las pérdidas que produjeran los activos tóxicos entre bancos y particulares españoles.

Esta idea general no partió de la ciudadanía, sino de las explicaciones de los poderes políticos, que basaban su razonamiento en que los bancos españoles no tenían en su balance ningún activo tóxico proveniente de Estados Unidos y que solo algunas casas de bolsa y gestores de patrimonios habían convencido a sus clientes de que compraran los famosos productos estructurados. Se creía, por tanto, que habría unas pérdidas de mayor o menor calado para algunos inversores españoles, pero que no existía ningún riesgo sistémico que pudiera afectar al sector financiero y a la economía española. Es evidente que nuestras autoridades económicas no habían estudiado suficientemente las estadísticas de la economía española y mundial.

De hecho, durante los últimos trimestres del año 2007 la economía siguió creciendo a las tasas que se venían registrando, e incluso un poco más rápido, aunque con un aumento cada día superior de la dependencia española de los mercados de capitales internacionales. Solo a comienzos del año 2008 se empezó a notar el efecto de la crisis internacional en nuestras cuentas, por la dificultad que encontraban los bancos en obtener financiación en el exterior, debido al enorme endurecimiento de las condiciones requeridas para obtener crédito.

Conviene recordar que ya durante el año 2007 el crecimiento del precio de las viviendas fue muy reducido, especialmente en los últimos trimestres, en que, según algunas fuentes, ya bajaban los precios, lo que es una evidencia más del endurecimiento del crédito, que ya no llegaba en volúmenes suficientes como para mantener la burbuja.

A principios del año 2008, los bancos españoles ya tenían grandes problemas para encontrar financiación en los mercados interbancarios internacionales, pese a que aún gozaban de una reputación de intocables por la crisis, tanto dentro como fuera de nuestras fronteras. Naturalmente, se cerró totalmente la posibilidad de vender bonos de titulización de hipotecas, tanto en el interior como en el exterior, situación que llevó a los bancos a ser incapaces de aumentar el crédito al ritmo que la economía demandaba, e incluso a finales de 2008 y principios de 2009 comenzó ya a retroceder el crédito, como puede verse en la figura 9.1.

FIGURA 9.1.

Variaciones del crédito al sector privado en España (datos en miles de millones de euros)

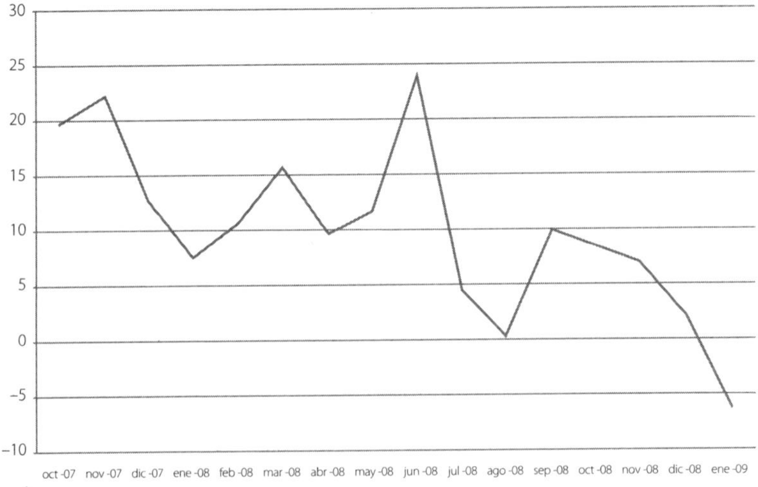

Fuente: Banco de España.

Pero si el crédito en general tuvo un año 2008 discreto, y un comienzo de 2009 en negativo, estas dificultades son especialmente relevantes en lo que se refiere al crédito comercial, cuyo saldo había crecido un 50% entre 2003 y 2007, y durante 2008 y los primeros meses de 2009 había retrocedido en torno a un 15%. Esta reducción del crédito fue causa de la baja actividad.

Esta reducción se notó especialmente en dos sectores, la demanda de inversión en construcción y la demanda de crédito de consumo por parte de las familias. Por tanto, la reducción del crédito tuvo efectos muy negativos sobre la evolución de la economía. Esta reducción de crédito se apreció especialmente en los dos sectores en los que las compras rara vez se hacen al contado: la vivienda y el automóvil.

En todo caso, en los cuatro trimestres de 2008 los crecimientos del PIB fueron trimestre a trimestre más bajos que los registrados en el anterior, y en el cuarto trimestre de 2008 se sobrepasó el punto de inflexión y los leves avances se convirtieron en descensos cada vez más acentuados. De hecho, en el cuarto trimestre de 2008 solo un componente de la demanda interna fue positivo, el consumo de las administraciones públicas, es decir, sus gastos totales, que han sido crecientes trimestre a trimestre, y cada vez de manera más acelerada. Por supuesto, la formación bruta de capital fijo, las inversiones de las empresas, empezó a decrecer a partir del segundo trimestre del año, y el consumo de las familias a partir del tercero.

Así pues, los efectos del parón financiero internacional llegaron a España más tarde que a otros países desarrollados, pero se trasladaron muy rápidamente al sector real de la economía. Esto nos da una pista de lo inestable del modelo de crecimiento español, que ha flaqueado a la primera, y que, pese a tropezar más tarde, ha sufrido el mismo daño. Y es una prueba muy clara de la enorme dependencia que tenía y tiene la economía española del dinero del resto de ciudadanos del mundo, o dicho de manera más técnica, de la financiación internacional.

Por otra parte, la situación de la productividad se ha puesto en evidencia por la enorme repercusión de la baja de actividad económica sobre la población ocupada, y de ahí el extraordinario aumento del paro. Véase la figura 9.2.

FIGURA 9.2.

Número total de parados en España (en miles de personas)

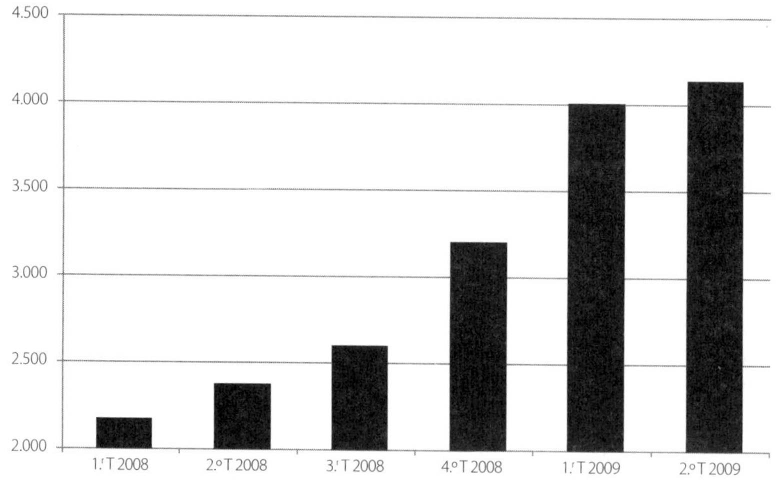

Fuente: INE.

2. Los efectos de la crisis en la economía real

En los dos últimos trimestres de 2008 y el primero de 2009 la actividad económica se ha reducido de tal modo que las entidades financieras están sufriendo un segundo choque de la crisis actual, después del que supuso el cierre relativo del crédito internacional a nuestros bancos. Las causas de esta segunda ronda son variadas, pero seguramente se pueden agrupar en dos conjuntos.

Desde el comienzo de la crisis e incluso desde antes, los bancos y cajas de ahorros españoles tenían en sus activos créditos concedidos a promotores inmobiliarios que ya habían demostrado que tenían dudoso cobro, sobre todo después de algunas suspensiones de pagos de las inmobiliarias de mayor dimensión y cotizadas en bolsa. Esos créditos parecían demostrar que las referidas quiebras eran solo el principio de una cascada cuyo final no está a la vista. A pesar de ello se han manejado todo tipo de opciones, con el fin de encontrar una salida negociada que no fuese un fallido absoluto e inmediato. De hecho, numerosos analistas argumentan que muchos bancos y cajas están apurando todas las posibilidades que les conceden las normas contables para ganar tiempo a la espera de que la coyuntura mejore y que parte de esas deudas, que a día de hoy son incobrables, se vuelvan de nuevo créditos normales; en vez de anotar directamente unas grandes pérdidas por morosidad en sus balances de 2008 y 2009.

Por otra parte, el empeoramiento de la coyuntura económica se está notando en los altos crecimientos de los saldos de morosidad, que se deben tanto a empresas que entran en dificultades como a las hipotecas concedidas a las familias que, con el aumento del paro, son incapaces de atender o pagar dichas deudas.

FIGURA 9.3.

Tasa de crecimiento del PIB español

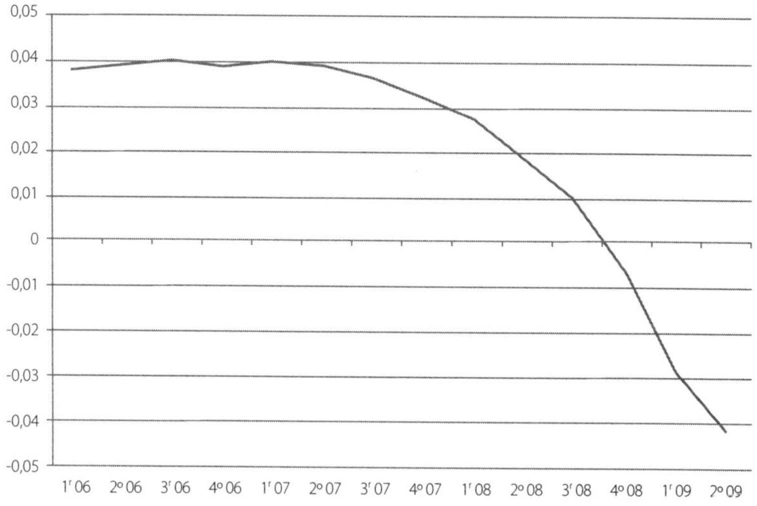

Fuente: Banco de España.

Por ambas razones, la situación del sistema financiero precisa de una recuperación económica pronta, para no necesitar recapitalizaciones u otras medidas drásticas si se quiere evitar su deterioro. Y este es uno de los principales problemas que hay que resolver. Si el sistema financiero va a necesitar en el futuro un saneamiento, ha de hacerse en el menor plazo posible, para evitar daños, y a menos de medio plazo para evitar entrar en un círculo vicioso acelerado de consecuencias muy graves. Hay que impedir que nuevos deterioros en el sector financiero produzcan mayores pérdidas de actividad de la economía real, que a su vez produzcan nuevos deterioros en el sector financiero.

FIGURA 9.4.

Evolución del índice de producción industrial español

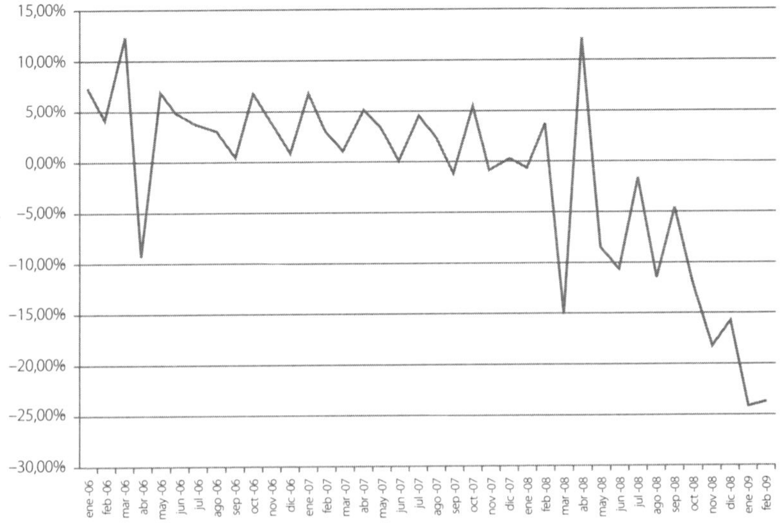

Fuente: Banco de España.

La evolución de la producción industrial, el PIB en los últimos trimestres y la evolución de las exportaciones presentan una tendencia al deterioro de tal magnitud que la respuesta inmediata por parte de las políticas económicas de las distintas administraciones es absolutamente fundamental. Cuando hablamos de autoridades económicas, nos referimos no solo a las españolas estatales, sino también a las autonómicas; pero, también, teniendo en cuenta la importancia para España de la situación económica en Europa, hay que considerar la política económica del resto de los países de la Unión Europea para actuar al unísono. Como hemos podido ver en la primera parte del libro, la situación mundial es también difícil, y por tanto las medidas que se han de tomar desde España deben ser más enérgicas que nunca.

Como puede observarse en las figuras 9.3. y 9.4., el deterioro de la situación económica hasta el segundo trimestre de 2009 es muy acelerado, especialmente desde el final del verano de 2008, por lo que creemos que profundizar demasiado en hasta dónde y a qué velocidad continuará el deterioro no es lo más importante. Dado que las causas que han llevado a España a esta situación están claras y suficientemente descritas en los capítulos 7 y 8, vamos a tratar las alternativas que tenemos para salir airosos de la crisis, la cual, sin duda, terminaría tarde o temprano sin acometer ninguna medida, pero puede que el deterioro para cuando esto ocurra nos haya conducido a una situación social imposible.

Tercera parte

La Encrucijada Española, las Opciones de Salida de la Crisis

10

Las Opciones de la Política Económica Española

1. En los últimos veinte años el crecimiento de la economía española ha sido más que satisfactorio, pero desgraciadamente la continuidad de ese crecimiento estaba ya en entredicho hace seis años, y la crisis financiera mundial ha puesto en evidencia sus defectos de una forma brusca en un solo año.

A lo largo de bastantes años la política económica española ha basado el crecimiento en el aumento de productividad proporcionado por inversiones abundantes en las que estaba implícito el progreso tecnológico. En la mejora de las máquinas se incorporaba el progreso tecnológico necesario para el aumento de la productividad y la competitividad de la economía española. El inconveniente de ese tipo de desarrollo es que no estaba produciendo nuevos empleos y que la población ocupada en España se mantenía estable entre 12 y 13 millones de ocupados, según la coyuntura. Parecía sencillo aumentar el crecimiento de la renta incorporando más personas a la población ocupada, ya que el porcentaje de población activa sobre el total de la población era uno de los más bajos de Europa. La incorporación al euro proporcionó a la economía una capacidad de endeudamiento tal que permitió al mismo tiempo que las empresas españolas invirtiesen en el exterior y que creciese la demanda interna, de tal forma que aumentasen los puestos de trabajo en un modo casi explosivo. Efectivamente, después de 1998, el endeudamiento del conjunto de la economía con el exterior empezó a crecer a ritmos cada vez más altos, de modo que no solo se cubría el déficit por cuenta corriente, sino que además desde la fortaleza del euro se podían comprar empresas en el exterior transformando no pocas empresas españolas en multinacionales.

La demanda de nuevos servicios de baja rentabilidad atrajo a una cantidad importantísima de extranjeros para desarrollar trabajos que los españoles abandonaban. Todos ellos eran de baja productividad: en la recolección, en la construcción, en el servicio doméstico, en la hostelería, etc.

A consecuencia de la inmigración, que atrajo a millones de personas de otros países, el aumento de la renta per cápita fue inferior al del PIB del país. Es como si hubiésemos anexionado a otro país de baja renta. De toda maneras, aumentó la población activa y ocupada por personas de nacionalidad española, fundamentalmente mujeres.

Por desgracia, este modelo de crecimiento, en el que las necesidades de financiación exterior se hacían cada vez más grandes en vez de disminuir, no podía continuar indefinidamente. Solo la pertenencia al euro nos permitió alcanzar el punto al que llegamos en el período 2007-2008.

2. La entrada en el euro en la primera fase fue un logro que llenó de orgullo a los encargados de la política económica española y que además estuvo precedido de ajustes en la economía beneficiosos para potenciar el desarrollo de la misma.

El euro significaba tener un poder de compra sobre las otras monedas del mundo como nunca había disfrutado la economía española, por lo que los gastos de las familias y las inversiones de las empresas se dispararon hasta niveles nunca alcanzados. Como además el endeudamiento en el exterior, en euros, se estimaba ilimitado, la situación parecía inmejorable. Sin embargo, las ventajas de pertenecer al euro tienen que ir acompañadas de los inconvenientes de tener una moneda fuerte. La productividad debe mantenerse al mismo nivel que la moneda en la medida en que la producción del país de la que es divisa esa moneda se consigue de acuerdo con la productividad. En otras palabras, estábamos disfrutando de las bondades de una moneda fuerte sin tener en cuenta que el esfuerzo productivo que requiere esa moneda es muy superior al necesario para la anterior peseta, que era susceptible de devaluación en circunstancias especiales.

Debido a esta situación, muchos economistas preferían la libertad de movimientos que permitía la peseta al cauce estrecho que imponía el euro como moneda no solo fuerte, sino fortísima cuando el dólar empezó a mostrar sus debilidades.

En este panorama, el brusco cierre de la financiación internacional nos hizo un gran daño dada nuestra precaria situación. Habíamos utilizado los préstamos sobre todo en construcción de viviendas, cuya exportación es prácticamente imposible con la excepción de las viviendas vacacionales. Por otra parte, la base de nuestra exportación industrial eran automóviles, cuya compra necesita habitualmente buena financiación, que ya no pudimos ofrecer. El sistema financiero, que no estaba contaminado en absoluto por las *suprime* ni en general por ninguno de los activos tóxicos de la primera ola de colapso financiero, se vio como posiblemente afectado por los créditos concedidos en hipotecas a familias y sobre todo a empresas del sector inmobiliario.

La solución rápida del problema hubiese sido un esfuerzo exportador que reequilibrase las cuentas y permitiese disminuir el saldo de nuestras deudas con el extranjero, pero la situación en que cayó la economía mundial hacía imposible una respuesta tan veloz de la economía española.

En la situación mundial actual es evidente que la política económica española tiene que prever no solo la salida de la crisis, sino también el funcionamiento de dicha economía en una situación normal de crecimiento global. Es por tanto imposible pensar que, de nuevo en la senda del crecimiento, volvamos a estar en un modelo como el vigente en 2007. Bajo ningún concepto se debe permitir que el endeudamiento crezca de manera indefinida y, en consecuencia, habrá que mejorar la productividad y por tanto la competitividad para que el déficit por cuenta corriente sea cero o de ligero superávit. Por otra parte, el aumento de la población es un factor al que ya no se puede renunciar; no es realista pensar que volveremos a tener otra vez 39 millones de habitantes. Estas dos limitaciones deben tenerse muy en cuenta a la hora de diseñar la guía de una política económica exitosa.

En resumen, tenemos un sistema de crecimiento basado en una demanda de viviendas y la demanda de consumo generada por créditos exteriores y nuevas incorporaciones al mercado de trabajo que tiene efectos negativos sobre la competitividad y que, por tanto, es imposible continuar en un mundo globalizado. En esas circunstancias las opciones de la política económica son al menos las tres que detallamos a continuación:

a) Una primera política económica consistiría en volver a la libertad de la peseta. Eso significaría que nos salimos del euro, aunque probablemente no sería necesario salir de la Unión Europea, y que devaluamos con fuerza la moneda para que nuestras exportaciones se vuelvan competitivas. En principio, esa medida acabaría con el crecimiento del paro y algunos trabajadores, si no todos, podrían volver a encontrar trabajo. Esa sería su principal ventaja. Los inconvenientes, en cambio, son tan grandes que solo se puede admitir en una situación social muy grave.

   En el contexto de bajo comercio mundial la devaluación tendría que ser muy intensa. En los años previos a 1959, el déficit por cuenta corriente de la economía española se situaba alrededor del 5% del PIB y la devaluación fue del orden del 50%; es decir, que el dólar, que estaba a 42 pesetas, pasó a valer 60 pesetas. En el caso actual podría llegar a ser superior y seguramente el euro tendría que valer entre 300 y 350 pesetas.

   Por otra parte, habría que enfrentarse a las recomendaciones del G-20, que en abril de 2009 acordó que no habría en ningún país devaluaciones competitivas, y por supuesto no en un país de las dimensiones de España, aunque hay precedentes de devaluaciones competitivas en los nuevos países pertenecientes a la Unión Europea y nada menos que el Reino Unido.

   Uno de los inconvenientes más importantes es que la deuda que tenemos en euros sería mucho más difícil pagarla desde pesetas devaluadas y podría ser una carga insoportable para nuestro nivel de vida.

   Pero el principal inconveniente es que es una forma de renunciar a las mejoras de productividad, que es la verdadera medida del desarrollo económico. Seguramente, y teniendo en cuenta el estado de la productividad en el mundo, al cabo de pocos años tendríamos que volver a pensar en devaluar.

   Por último, dejaríamos en jirones nuestro prestigio económico y político, que a fin de cuentas es un activo económico de mucha importancia. Por ejemplo, la secuencia de inversiones necesarias para que nuestras empresas multinacionales continuaran siéndolo sería muy difícil, si no imposible.

Cualquier devaluación lleva aparejada medidas para evitar un rebrote de la inflación que proviene, por una parte, del mayor coste de las importaciones y por otra del tirón de las exportaciones. Aun sin que se produzca una devaluación, opción en nuestra opinión no deseable, habría que congelar sueldos y flexibilizar el mercado de trabajo para que el necesario trasvase de medios humanos entre sectores se hiciera sin costes que perjudiquen las mejoras de competitvidad.

Sin hablar del coste político que tendría para cualquier gobierno la aceptación social de una medida de ese tipo e influiría en la psicología de los agentes sociales con consecuencias no fácilmente evaluables.

A pesar de que es la política en principio más sencilla para cortar con la sangría del paro, tendría todo tipo de inconvenientes en relación con nuestros socios comerciales y no garantiza en absoluto una vida cómoda en el mundo que saldrá de la crisis. No es una opción deseable.

b) Una segunda opción de política económica es, aunque parezca paradójico, no hacer ninguna política económica y dejar que las fuerzas del mercado arreglen los desajustes existentes y reduzcan el volumen de la economía a los niveles en que esta sea competitiva. No parece en principio una mala idea si se piensa en que una gran parte de la economía tiene viabilidad en el futuro, y que por tanto las fuerzas del mercado van a enflaquecer un poco el volumen de la economía y que la parte sana crecerá con rapidez para volver a los volúmenes anteriores sobre bases más sanas.

En principio, esta es básicamente la opción que ha elegido el gobierno español. Su tesis es que el desajuste ha sobrevenido sobre todo por la crisis financiera internacional, que no puede durar demasiado, y por tanto cuando el huracán pase volveremos a la senda del crecimiento, habiendo perdido por el camino las partes menos productivas de la economía, que en principio no son muchas. Como mucho hay que enderezar, si es necesario, los problemas del sistema financiero y cuidar de que los afectados por la baja coyuntura sufran lo menos posible.

Evidentemente, las fuerzas del mercado han mejorado algunos aspectos de la situación económica española. El consumo de las familias ha disminuido, a pesar de una insistencia absurda sobre la conveniencia de que un aumento del consumo mejoraría la coyuntura. La inversión de las empresas también ha disminuido en razón del deterioro de las expectativas. Y como consecuencia de ambos fenómenos, el ahorro nacional ha crecido notablemente. Incluso el déficit por cuenta corriente se ha reducido de modo sustancial.

El problema es que después de esta crisis no se puede volver a la situación anterior, y que además los ajustes necesarios no son marginales, sino mucho más profundos. El paro y las quiebras empresariales han experimentado un incremento sin precedentes, la bajada en la producción industrial alcanza porcentajes altísimos, superiores al 20%, y aunque las cuentas exteriores están más equilibradas eso se ha logrado con reducciones del comercio exterior nunca vistas en situaciones parecidas. Durante los primeros meses de 2009 las exportaciones han bajado del orden del 25% y las importaciones alrededor del 30%.

Las mejoras en los equilibrios de la economía son demasiado grandes y el ajuste producido por las fuerzas del mercado probablemente no pueda soportarse desde el punto de vista político y social.

Así pues, no parece posible mantener este enfoque durante mucho tiempo. El problema es que se han perdido unos meses preciosos para introducir una política económica constructiva, y lo que era su principal ventaja, la utilización de los recursos posibles, léase reformas o actividad del Estado, se ha hecho en una mala dirección. De hecho las cuentas del estado están en situación límite sin haber atacado ninguna medida efectiva contra la crisis. Y como consecuencia, estamos en peor situación que si hubiésemos comenzado antes una política constructiva.

c) La política económica necesaria en estas circunstancias es, como puede deducirse de lo escrito hasta ahora, muy compleja: exige ciertos resultados a corto plazo sin perder de vista que a la salida de la crisis más aguda se tiene que haber comenzado una transformación importante del sistema productivo español.

Así pues, se requieren medidas que mejoren la situación a corto plazo, otras que permitan que siga existiendo cohesión social mientras se alcanza de nuevo una senda de crecimiento sostenible y, por último, medidas de reforma que pongan al día la economía española en un mundo que habrá sufrido también transformaciones tras el choque financiero internacional.

Las medidas a corto plazo tienen que centrarse, por una parte, en el salvamento del sistema financiero español, que es una acción urgentísima; debe ponerse en claro qué parte del sistema financiero seguirá sano aun en las peores condiciones, qué parte de este mismo sistema merece una operación de salvamento y cuál es la parte que habría que cerrar.

Otro grupo de medidas a corto plazo son aquellas que permitan mantener la actividad sin que eso sea incompatible con la transformación de las estructuras necesarias. En este grupo de medidas habría que ajustar con rapidez y en lo posible las cuentas de las administraciones públicas y apoyar un plan de inversiones con rendimientos a corto plazo que puedan llevar a cabo tanto las propias administraciones como las empresas privadas. Recuérdese lo que hemos dicho en otros sitios de esta obra: las inversiones deben ser rentables y con una rentabilidad medible y cobrable, de tal forma que con su puesta en funcionamiento se garantice la devolución del dinero invertido y en su caso la amortización de la deuda que haya sido necesario emitir, y si las inversiones contribuyen a la transformación del sistema productivo, mucho mejor.

Por último, considerar seriamente en qué medida se puede ayudar a los grupos más afectados por la crisis a mantenerse mientras se lleva a cabo la transformación de la economía española. Seguramente será necesario prolongar las ayudas al desempleo y desde luego es muy urgente mejorar la formación de los parados para que puedan encontrar trabajo y ayudar a la recuperación de la economía.

La política económica a medio plazo no significa que se espere para comenzarla a que la intensidad de la crisis haya disminuido, sino que tiene que desarrollarse paralelamente a las medidas a corto plazo. Tanto en este caso como en el de las medidas a corto plazo, por las razones que explicamos en su momento, hay que confiar poco en la salida de la crisis internacional. Tienen que empezar a proponerse medidas y reformas españolas sin esperar los resultados de la política económica internacional.

Naturalmente, las medidas a medio plazo han de ser de calado más bien profundo e incluir reformas en el funcionamiento de aspectos que no son solo de carácter estrictamente económico. Por ejemplo, está claro que se habría de llevar a cabo una reforma del mercado laboral, pero también del sistema educativo y seguramente de los sistemas de administración del Estado y del funcionamiento de la justicia.

El camino deseado por todos sin excepción es la innovación en el sistema productivo y empresarial. Todo el mundo habla de innovación, pero el significado no es el mismo para todos. Claro que se trata de innovar, pero con la innovación en el sentido tradicional no se transforma un aparato productivo con la rapidez que demanda la situación, y además la innovación tiene unos condicionantes que son difíciles de improvisar. En todo caso es absolutamente imprescindible, aunque no sea la panacea. Dedicaremos el próximo capítulo a un análisis de lo que podríamos llamar la economía del conocimiento.

II

La Economía del Conocimiento: Oportunidades y Limitaciones

1. En la teoría económica tradicional hay dos factores que influyen en el crecimiento de una economía: la mano de obra y las inversiones o capital. Desde hace algún tiempo se ha intentado explicar el crecimiento a través de ambos factores y los resultados son que este es mayor que lo que se explica por ambos factores combinados sin ninguna otra consideración o factor. Ese crecimiento no explicado es considerable, y es tanto o más importante cuanto mayor es el desarrollo de la economía sobre la que se hacen los cálculos o estimaciones.

Ese factor residual se explica por una mayor formación de la mano de obra y por una mejor utilización de los bienes de inversión (maquinaria, ordenadores...). La mayor formación de la mano de obra podría intentar medirse, pero además la mejor utilización de los bienes de inversión se debe no solo a que incorporan mayor y mejor tecnología, sino a que se utilizan de manera adecuada. Así pues, el factor conocimiento de lo que se llama economía del conocimiento se manifiesta en la mejor formación de la mano de obra, en el mayor avance tecnológico de los bienes de inversión y, sobre todo, en la mejor utilización de ambos factores. De hecho, una maquinaria puede utilizarse tanto en un país de bajo nivel cultural como en otro muy desarrollado. Desde el punto de vista de la economía del conocimiento, y siendo la misma herramienta, por ejemplo, un ordenador, en una economía desarrollada se aprovecharán más sus capacidades, por ejemplo cómo programar específicamente algo en él, que en una economía normal, donde se utilizaría un programa de ordenador realizado por otras personas y características no diseñadas para el uso que se le va a dar. En otras palabras, unos programan en función de sus necesidades y otros utilizan un programa general no adaptado totalmente a sus demandas.

Naturalmente, una parte importante de la economía del conocimiento se debe a la utilización de nuevas tecnologías, y por tanto a la investigación y el desarrollo. Es decir el I+D (investigación más desarrollo) forma parte sustancial de las economías basadas en el conocimiento. Por ello, se espera que en las economías del conocimiento las innovaciones tecnológicas desempeñen un papel destacado. De ahí la obsesión de muchos gobiernos por dar buenos niveles en la medición del I+D, sistemas de medición que ya están enfocados de alguna manera a lecturas políticas.

Para promover el I+D es necesario que los inventores y primeros emprendedores obtengan la remuneración adecuada a sus esfuerzos, y, por tanto, la retribución de las patentes y en general de lo que se llama propiedad intelectual es una característica única de las economías basadas en el conocimiento. Sin esta condición, el dinero invertido en I+D puede no favorecer tanto como sería previsible al crecimiento de sus economías. Hay demasiados países centrados en la generación de publicaciones científicas y patentes, como fin último de la economía del conocimiento, que nunca llegan a transformarse en empresas que aporten riqueza al país.

La opinión general es que a partir de un cierto grado de desarrollo o, lo que es lo mismo, a partir de una cierta cantidad de PIB per cápita, las posibilidades de seguir desarrollándose pasan por una eficaz implantación de la economía del conocimiento. Dos ejemplos muy claros son California y Finlandia.

Se tiene la impresión, entre las personas más informadas, de que después de la crisis que estamos viviendo, y teniendo en cuenta cómo ha de transformarse el mundo, la única opción para España de mantener y aumentar el PIB per cápita es el desarrollo lo más rápidamente posible de una economía del conocimiento. Desarrollo muy distinto al de la economía tradicional, como veremos más adelante en este capítulo.

2. Como hemos advertido ya, la economía del conocimiento en su más estricto sentido sería aquella en la que el crecimiento del PIB depende

de las innovaciones tecnológicas desarrolladas dentro del país y puestas en valor por las empresas del mismo país. Esta última parte, la puesta en valor por las empresas, es la famosa «i» minúscula de la tríada I+D+i.

Para ello deben cumplirse condiciones de partida que no son abundantes ni fáciles de alcanzar. Una primera es que las universidades investiguen de forma sistemática y conectada con las necesidades de los consumidores finales, trasladadas al sistema de I+D por las empresas. La forma ideal de trabajar sería que las empresas determinen las necesidades de los consumidores finales y encarguen a las universidades y otros centros de investigación los problemas técnicos que haya que resolver. De esta manera se asegura que lo investigado se aplica directamente a la vida económica e influye inmediatamente en el crecimiento del PIB.

Durante muchos años las invenciones han llegado de manera más o menos ocasional y se han utilizado o no para mejorar el nivel de vida, dependiendo del empeño en su visión de algún emprendedor o empresario. Un gran ejemplo fue Thomas Alva Edison, que fundó la compañía más admirada de la historia basada en estas premisas: General Electric Company. Edison tenía la visión de la ciencia, es decir, de qué se está investigando y cuáles han sido los últimos descubrimientos, y la complementó con la visión de mercado de Charles A. Coffin, un fabricante de zapatos de Lynn, Massachusetts. Edison en sí no era un gran inventor, era lo que se llama un gran conector/innovador, de hecho él no fue el primero en inventar la bombilla, lo habían hecho al menos veinte personas antes, con distintos métodos. Su gran mérito fue elegir el mejor sistema, comprar la patente y conseguir producir el invento a escala industrial. Solo él supo transformar la bombilla en un producto útil y muy demandado.

El ejemplo de Edison pone en evidencia cuáles son los pasos necesarios para que la economía del conocimiento influya en el crecimiento de un país. En primer lugar, debe haber un nutrido grupo de investigadores científicos en muchos campos. Si se tiene en cuenta la facilidad de la transmisión de los conocimientos en la actualidad no es necesario que sean protagonistas de los últimos avances científicos, sino que basta con estar al tanto de ellos. En segundo lugar, es necesario el personaje del conector/innovador científico, cuyo papel ha de ser seleccionar los avances científicos susceptibles de ser útiles a la sociedad y que puedan superar la fase de laboratorio para elevarse a la producción industrial y terminen en un producto apropiado para su comercialización. Y, en último lugar, se precisa un empresario/emprendedor que organice la llegada del producto al mercado. Las patentes, a parte de proteger los derechos económicos de los inventos, sirven también como medio de transmisión de conocimientos que a veces es necesario para alcanzar un producto comercializable.

Si intentamos aplicar este esquema de funcionamiento al caso español nos encontramos con el siguiente panorama. Por un lado, los investigadores de universidades y centros de investigación han mejorado mucho, y en lo que se refiere a publicaciones científicas estamos en un nivel razonablemente alto en el mundo, entre los diez mejores. En lo que se refiere a transformar los conocimientos en patentes, ya nos encontramos muy lejos de la posición en la que deberíamos estar a tenor del número de publicaciones.

Los investigadores seleccionan el campo en el que investigan por preferencias personales y no por las necesidades de la economía española, es decir, investigan aspectos interesantes pero no importantes. Además, solo lo hacen para progresar profesionalmente, de ahí que prefieran publicar que patentar. Cuando alguien publica algo, de algún modo está haciendo partícipe de sus investigaciones a quien lo lea y este es libre de aplicar dicho conocimiento como le plazca. Si en vez de publicar se patenta, el que decide en qué y cómo se aplica es el investigador o el poseedor de la patente, que, en general, de no ser un investigador, será una empresa que ha comprado la patente para explotarla económicamente.

Un paso adelante de enorme importancia es la transformación de las patentes y conocimientos existentes en productos o servicios que sean susceptibles de ser comercializados, paso que sigue siendo una labor equidistante entre el campo científico y el económico. En España esta labor se ha asignado a los parques científicos y tecnológicos, que, como su propio nombre indica, están dedicados a la investigación y el desarrollo de productos y procesos.

Y finalmente, en esta cadena de las economías de conocimiento, está la innovación, que consiste en utilizar esas investigaciones y desarrollos susceptibles de ser producidos a escala industrial y proporcionarles valor económico. Es decir, o se saca partido económico de la patente cediendo su explotación a otros o se crean empresas viables y de gran potencial de crecimiento que exploten dichas patentes vendiendo productos, servicios o procedimientos basados en ellas. En España esta labor está delegada en los llamados parques de innovación, que aún son relativamente escasos y en su mayoría de capital privado, al contrario que los anteriores, los científicos y tecnológicos, que son fundamentalmente de capital público.

El otro camino de la innovación es que las empresas realicen su propia investigación, su propio desarrollo, y que esta esté orientada hacia las necesidades propias de la empresa y sus clientes. Esta labor solo la llevan a cabo algunas grandes empresas, ya que su implementación es compleja y necesita una cierta dimensión empresarial. De hecho, si en el país hay todavía un porcentaje muy bajo del PIB dedicado a I+D, el que se asigna a la empresa privada es aún más reducido. Sería posible mejorar este indicador si empresas de mediano tamaño pudiesen acudir a centros como los parques de innovación en los cuales pudiesen resolver de alguna manera sus necesidades de nuevos productos, servicios y procesos. En momentos de crisis como la actual muchas empresas se ven obligadas a innovar, bien sea porque sus productos o servicios no son demandados, bien sea porque sus procesos de producción sean ineficientes o caros, y por lo tanto deben cambiarlos. Como veremos más adelante, esta es una de las grandes oportunidades de la economía española.

Mientras tanto, debemos advertir que la inversión en I+D por parte del sector público no es tan significativa como debería, porque los pasos necesarios para su aprovechamiento económico no se están realizando en España, como ya hemos explicado en el párrafo anterior. Y mientras no se logre que funcione el conjunto del proceso, suministrar más dinero a investigación y desarrollo puede constituir un despilfarro.

Pero la economía del conocimiento ni es inmediata, aunque se puede mejorar mucho y acelerar bastante, ni es la gran panacea o bálsamo de Fierabrás para salir de la actual crisis, pero desde luego un sistema de I+D+i adecuado es fundamental para el futuro económico de España, siempre que deseemos mantener la actual situación de privilegio en el mundo.

3. La innovación surge de dos formas: la tradicional, desde el punto de vista histórico; es decir, de manera aleatoria y debido al tesón y esfuerzo de una sola persona o de un pequeño grupo de personas, que o bien llegan hasta la innovación desde la investigación y el desarrollo, o como solución a un problema acuciante. Pero también se puede alcanzar de manera sistemática, como ocurre hoy en día en muchas regiones del mundo, siendo quizá la más conocida el Silicon Valley de San Francisco, California. El estudio de la singularidad de estas regiones ha llevado a descubrir lo que se llama un ecosistema de innovación. En otras palabras, la interrelación entre lo que podemos calificar como actores fundamentales de la innovación, debida a una proximidad, ya sea geográfica, ya sea de interés económico o de otro tipo.

A continuación describiremos qué es lo que se considera un ecosistema de innovación, cuál es la situación en España y qué se puede hacer para enriquecerlo y propiciar la aparición de nuevos ecosistemas.

Antes de entrar en detalle hay que advertir que la innovación aparece en cualquier sector y que la selección a priori no es sencilla y desde luego no es funcional. No se puede elegir un sector campeón de la innovación, y ni siquiera una empresa campeona de la innovación, hasta que estos no se erijan por sí mismos en campeones. Lo único que se puede hacer es poner al alcance de todos los medios para innovar, para que surja la innovación. Por tanto, no hay que seleccionar sectores o abandonar sectores productivos, tan solo proporcionarles herramientas de la economía del conocimiento.

Como ya hemos dicho con anterioridad, es muy difícil que un movimiento innovador tenga tanta fuerza como para crear empresas o transformar las existentes en innovadoras a nivel global, en la suficiente medida para revertir la crisis actual. Lo cual no significa que tengamos que prescindir de él, más bien tenemos que potenciar la ambición de crear campeones internacionales de la innovación.

Sin embargo, nos parece importantísimo y de gran utilidad a corto plazo en la situación actual la creación de ecosistemas de innovación que pongan en relación a las empresas españolas con los grupos investigadores de la universidad y los organismos de transferencia tecnológica (parques de todo tipo), para que así las empresas puedan recibir una información completa y actual de cuáles son las innovaciones y tecnologías de última generación de todos los sectores de actividad de la economía española, aderezados con las mejores prácticas empresariales a este respecto, y así permitir a las empresas transformarse en innovadoras y, por tanto, competitivas. Dicho de otro modo, hay que comunicar a las empresas españolas cuáles son los productos más innovadores y enseñarles de qué manera se les saca partido o cuáles son los modelos de negocio adecuados a estos nuevos productos.

Si disponemos de un Ministerio de Ciencia e Innovación, parece que una de sus labores fundamentales deberían ser crear estos ecosistemas de interrelación en los cuales los posibles costes, que no tienen que ser enormes y desde luego sí más bajos que lo que cuesta cualquier tipo de subvención, deberían ser sufragados por él. Debería también completar dichos informes u observatorios de la innovación con la compra de aquellas tecnologías o patentes que se consideren imprescindibles o necesarias, y ponerlas a disposición del tejido productivo español. El objetivo es elevar lo más rápidamente posible el nivel tecnológico de la economía española utilizando las infraestructuras de innovación existentes y comunicándolas con la industria en el amplio sentido de la palabra.

Hay que darse cuenta de que muchas empresas están encontrando dificultades muy serías para competir con las extranjeras tanto en España como fuera, en razón de que la producción española sigue utilizando sistemas productivos obsoletos o centra su actividad en productos que están siendo sustituidos paulatinamente por equivalentes de mayor valor tecnológico. Estas empresas deberían poder recurrir de forma barata a las infraestructuras de innovación españolas, para tener la mejor información sobre las tecnologías de que no disponen y conseguirlas o emularlas de algún modo.

Pero lo que de verdad es clave en España es comunicar a la industria o empresa con los investigadores. Por un lado, estos deben entender que la única forma de que sus inventos o descubrimientos ayuden a la sociedad es si las empresas los trasladan al mercado. Y las empresas tienen que aprender a confiar en un aparato investigador que está entre los diez mejores del mundo, y en algunos casos, como en el de la medicina, entre los tres primeros.

4. Hemos tratado lo que se considera el núcleo de un ecosistema de innovación, pero el aire que necesita para respirar no es otro que la financiación. En las circunstancias en que nos hallamos, como consecuencia de la crisis, la prima de riesgo que exigen los financieros, es decir, la retribución exigida a los préstamos o inversiones, es mucho más alta que hace unos años, incluso para los préstamos más típicos corrientes y de mayores garantías de cobro. La financiación de la innovación está en sus peores momentos, ya que el riesgo tecnológico existe y es considerable, y lo único que lo salvaba hasta ahora eran las altas rentabilidades, que ahora se producen en sitios con menor riesgo debido a la carestía de fondos.

La importancia de la financiación de la innovación no es menos importante por la crisis, de hecho es mucho más importante, ya que es una opción estratégica para el futuro de España, y un paso capital para la construcción de la economía que precisará el mundo tras la superación de las dificultades.

El que crea que una vez pasado el mal trago vamos a volver a la composición de la economía de finales del año 2006 está muy equivocado, ya que, como mantenemos a lo largo de todo este libro, estamos hablando de una modificación muy importante del sistema económico globalizado y, aun más importante, del español.

Tradicionalmente, los incentivos fiscales se han otorgando directamente a las empresas, haciendo que puedan desgravarse los gastos de I+D, e incluso permitiendo un tipo especial de impuesto sobre beneficios. Este sistema lo único que consigue es mejorar la autofinanciación de las empresas, pero en estos momentos lo que es más importante es atraer capitales hacia la innovación, y para ello hay que actuar sobre lo que espanta a los inversores, su alto riesgo de pérdidas. Y eso se puede conseguir desde el gobierno con incentivos fiscales.

Estos incentivos fiscales a los que nos referimos consisten en dotar a los inversores de la capacidad de desgravarse un porcentaje alto de las pérdidas que hayan podido tener en inversiones fallidas en empresas de base tecnológica o innovadora. En principio no hay que cubrir con desgravaciones todas la pérdidas, pero sí un alto porcentaje de las mismas, aproximadamente un 75%.

El sistema es muy sencillo: todas aquellas personas que inviertan en empresas tecnológicas o innovadoras y mantengan su inversión durante un cierto período de tiempo, al menos un año y medio o dos, podrán desgravar de su renta hasta el 75% de las pérdidas ocasionadas cuando vendan sus acciones o participaciones, y sobre todo en caso de quiebra de la empresa tecnológica o innovadora. Si se invierte a través de una institución de inversión colectiva, la pérdida se hace transparente y por tanto en la parte alícuota que determine su porcentaje de participación en la inversión podrá ser desgravada de la renta de la persona física. Para determinar si la inversión es o no en innovación, deberá hacerse en empresas adheridas a parques científicos, tecnológicos y/o de innovación, o por calificación de proyecto innovador que emitan los organismos de la Administración con competencias en innovación. Por supuesto, estas exenciones deberían ser extensivas a las pérdidas ocasionadas por la inversión en acciones en el nuevo Mercado Alternativo Bursátil (MAB), de reciente creación y con un foco en la financiación de empresas innovadoras.

En el supuesto de que la empresa obtenga beneficios, el inversor debería pagar impuestos como en cualquier otra inversión en acciones o empresas.

La gran ventaja de un incentivo de este tipo en estos momentos es que el posible coste fiscal estará por una parte compensado por inversiones que sean exitosas, y por otra en que el coste fiscal de la medida se difiere en el tiempo, ya que lo invertido ahora en todo caso se compensará con el impuesto de la renta de dentro de dos o más años.

12

Una Política Económica Adaptada a la Situación Española de 2009

A LO LARGO DE ESTA obra han salido a la luz distintas situaciones y políticas que se pueden seguir en circunstancias diferentes y para regiones distintas del mundo, teniendo en cuenta que existe de hecho una globalización económica y financiera, y que conviene a todos que continúe y se profundice en el futuro. Las enseñanzas del pasado deben ser también aprovechadas, así como aquellas medidas de política económica que aunque no deban utilizarse en estos momentos tienen algunas características que sería absurdo no emplear. Por ejemplo, cuando se devalúa lo que se hace es abaratar de golpe los costes de la economía frente al exterior y permite solucionar, por lo menos transitoriamente, situaciones comprometidas. Como sabemos de la experiencia pasada, las devaluaciones van acompañadas de una serie de medidas con el fin de que la mejor situación de competitividad perdure en el tiempo. Hay pues que aprovechar todas las posibilidades que vayan a favor de disminuir los costes interiores.

De la gran crisis de los años treinta sabemos que su duración fue mayor de lo que nadie había previsto, con altibajos en la actividad económica, y que se superó totalmente solo después de una guerra. No se trata de hablar de guerras, pero sí de que los incentivos que se pusieron en marcha en los años treinta unos funcionaron y otros no, y hay que tener en cuenta lo sucedido después de la contienda, cuando se demostró que las inversiones de rápido retorno son excelentes para el estímulo de la economía, y que la introducción en el sistema productivo de las mejoras tecnológicas aparecidas durante el conflicto bélico fueron extraordinariamente importantes para el crecimiento en la posguerra.

La situación en estos años no es la de las crisis típicas *stop & go* (parón económico seguido de una subida de la actividad, es decir, una crisis en «V»), en las que se trataba de reajustar los desequilibrios producidos por una fase de alto crecimiento, pero que una vez subsanados se continuaba la actividad de la economía de manera similar a la que se había desarrollado con anterioridad al parón económico. Ni la economía mundial va a volver a ser la de 2007, ni por supuesto la economía española puede alcanzar un desarrollo razonable sobre las pautas anteriores a la crisis.

Hay pues dos tipos de acciones de política económica, una a corto plazo que puede alargarse en el tiempo para impulsar la actividad económica, y otra a más largo plazo, pero que hay que comenzar cuanto antes, para transformar la estructura económica española y lograr que sea competitiva en el panorama económico que existirá tras la crisis.

Como hemos explicado en el capítulo anterior, la innovación en el sentido más estricto es una condición necesaria pero no suficiente para transformar nuestra situación competitiva, y por tanto habrá que pensar en reorganizaciones de los sistemas de funcionamiento, las llamadas reformas, en sectores que a primera vista parecen relativamente alejados de la economía.

1. Los incentivos a corto plazo son de dos tipos. Uno se refiere al funcionamiento del sector financiero y el otro al impulso de la economía real.

a) En lo que se refiere al sector financiero es de enorme importancia lo que entendemos que ya se está haciendo, que es clasificar las entidades financieras de depósito (bancos, cajas de ahorro y cooperativas de crédito) en tres categorías. La primera comprende aquellas entidades que podrán subsistir y cumplir su cometido en circunstancias incluso peores que las actuales, y que por tanto no necesitarían ninguna aportación de fondos por parte del sector público. En una segunda categoría estarían aquellas que pueden deteriorarse en un próximo futuro si las condiciones siguen siendo adversas y que necesitarían reponer fondos propios en esa circunstancia. Y, por último, las que están en mala situación en la actualidad y que serían muy difíciles de rescatar en una situación peor.

Las del primer grupo no precisan de ninguna acción del gobierno, salvo predicar a los cuatro vientos su fortaleza financiera y su buena gestión. A la segunda categoría se le debería reforzar el capital cuanto antes para dar confianza a los impositores o clientes y a las otras instituciones financieras. Y las del último grupo deberían cerrarse o fusionarse (mejor cerrarse) también lo más rápidamente posible, para dar confianza frente al exterior al conjunto del sistema financiero.

Los fondos necesarios para capitalizar o cerrar las entidades financieras que lo precisen deben aplicarse de tal manera que tengan posibilidades de recuperación por parte del Estado. Si hay que aumentar capital en los bancos, que se sepa claramente que las acciones se revenderán cuando sea posible y con ellas se pagará la eventual deuda que el Estado haya tenido que emitir para sufragar las intervenciones. En el caso de las cajas de ahorro, se deben emitir participaciones preferentes, que a su vez se venderán en el mercado cuando sea posible y permitirá recuperar todo el capital inyectado. Naturalmente, no es posible pensar en recuperar aquel dinero que se emplee para cerrar las entidades que no tengan viabilidad, y precisamente esa circunstancia hace muy deseable la rapidez, ya que cuanto más se espere más costoso será el proceso.

Aunque es menos urgente, convendría además regular el buen gobierno en todas las entidades financieras cotizadas o no cotizadas, según las normas que hemos descrito en otro lugar de esta obra. Pero además sería conveniente aprovechar la ocasión para cambiar el sistema de dirección de las cajas de ahorro. Los consejos de administración elegidos en último extremo por los partidos políticos de la autonomía de la cual es la caja de ahorros, no están dando los resultados suficientes. Este es un sistema poco claro de dirección, ya que las cajas de ahorro tienen un consejo de vigilancia al que se da poca importancia por parte de las autoridades, y que, no obstante, debería ser el órgano fundamental del control de la gestión de éstas. En nuestra opinión, el consejo de administración debería sustituirse por un consejo de dirección en el que estuviesen los principales ejecutivos, nombrado y supervisado por un consejo de vigilancia cuyos miembros pasasen un examen de profesionalidad realizado por el Banco de España.

b) Una segunda acción urgente es mantener la actividad de la economía de la mejor manera posible, que no es intentando ayudar al consumo ni aumentando el gasto público. Como nos dice la experiencia, esta actividad de soporte de la economía puede tener que mantenerse durante muchos más meses de lo que se prevé en un principio, y además debe ser suficientemente importante para que sus efectos se dejen notar con rapidez. Debe ser productiva y no chocar con los intereses a largo plazo de la economía española.

    Estas inversiones de choque deberían ser relativamente importantes con respecto al PIB, quizá el 3 ó el 4% en una primera fase. Deben ser además rentables a corto plazo. Las inversiones energéticas que permitan independizarse en parte de las importaciones son un buen ejemplo, pero hay que recordar que deben ser rentables sin que el Estado tenga que ayudarlas anualmente para alcanzar esta rentabilidad; por tanto, las energías que precisen de subvención no son una opción. Seguramente, una inversión en energía nuclear es lo bastante importante y tiene una rentabilidad clara, y aunque su plazo de construcción y de rentabilización de la inversión total no sea muy corto, los efectos sobre la actividad económica durante su construcción sí que se notan a corto plazo. Otra alternativa de inversión a corto plazo sería mejorar las comunicaciones por fibra óptica a nivel nacional. La elección de este tipo de inversiones de impulso puede ser variada, y no necesariamente las que hemos apuntado, siempre que cumplan la característica de ser relativamente importantes, tener repercusiones sobre la actividad económica a corto plazo y una rentabilidad clara y medible a medio o largo plazo que permita sufragarlas.

c) Precisamente, saber hasta qué punto y en qué cantidades se puede invertir sin incurrir en un endeudamiento exagerado precisa que la gestión del conjunto de las administraciones públicas se coordine y se dimensione adecuadamente de cara al futuro. Para ello es imprescindible un acuerdo entre todos los partidos políticos que determine un nivel de gastos corrientes (de mantenimiento de las administraciones), que debe ser inferior al actual, y un plan de inversiones coordinadas con las características que hemos anunciado más arriba. Toda actuación del Estado que signifique incurrir en déficit por actuaciones parciales no coordinadas no hace más que agravar la situación.

d) Estas medidas a corto plazo deben completarse con las que son propias de una devaluación, es decir, aquellas que permiten reducir los costes generales de la economía. Entre ellas, naturalmente, está la congelación de salarios y la disminución de impuestos indirectos que influyen en el coste de la producción de bienes y servicios. Probablemente, uno de los impuestos indirectos que incide más en los costes de producción es el de las cotizaciones sociales, que por lo menos deberían congelarse en la cantidad actual durante unos pocos años. A cambio, como se venía proponiendo desde varios sectores económicos, podía ampliarse el IVA, que, aunque aumenta el precio de los bienes acabados en el mercado interior, se desgrava de las exportaciones. Los efectos sobre los precios de un aumento del IVA deberían compensarse, como ya está haciéndose por los llamados estabilizadores automáticos de la economía, con una mejora y menor coste de los circuitos comerciales.

e) Todavía hay un punto más que hay que acometer a corto plazo. Los desempleados en estos momentos provienen en una gran mayoría de la construcción y de ciertos servicios de bajo valor añadido o que requieren poca formación de los trabajadores. Aun considerando que de nuevo vuelva a crearse empleo, seguramente no lo será en los sectores en los que el paro ha sido más importante. Ni la construcción necesitará tanta mano de obra como ha requerido hasta 2007, ni el comercio de pequeños establecimientos precisará de tanto personal, ni otros servicios similares tampoco alcanzarán el nivel de empleo que han disfrutado hasta 2008. Por tanto, los desocupados de esos sectores necesitan con urgencia una reconversión de sus capacidades técnicas para volver a tener oportunidad de encontrar empleo en el futuro. Es por tanto prioritario un plan de reeducación. Este reciclaje no solo es deseable desde el punto de vista social, sino también desde el punto de vista económico, ya que la transformación de la economía depende de la formación de su principal activo, las personas.

2. Entre las acciones a largo plazo se encuentran las denominadas habitualmente reformas o cambios estructurales de la economía española, las cuales intentaremos explicar con algún detalle en los siguientes párrafos.

a) De la que más se habla últimamente es de la reforma del mercado laboral, puesto que el nivel de paro alcanzado por la economía española evidencia que solo se aumenta la población activa y ocupada cuando una demanda desbordada permite crear empleos de baja productividad, que se destruyen con facilidad a la menor ralentización de la economía. Eso explica que en los ciclos altos se cree empleo con mucha rapidez y que en los bajos se destruya con el mismo dinamismo. Atajar ese problema significa mejorar la productividad general de la economía y dar flexibilidad al mercado de trabajo para que pueda adaptarse a las nuevas circunstancias con la rapidez necesaria. Es muy perjudicial que los contratos laborales sean de corta duración porque impiden proporcionar la formación necesaria a los trabajadores para una economía de alta tecnología. Como, por otra parte, las grandes indemnizaciones de despido producen el rechazo a la contratación a largo plazo, parece obvio que hay que lograr un contrato en el que el despido no sea tan oneroso y que además permita al trabajador y la empresa la estabilidad suficiente para que existan planes de formación. Un contrato en el cual la indemnización de despido sea creciente con el tiempo, pero de relativa cuantía en los comienzos se adapta bastante bien a las necesidades de la economía en un entorno de alta productividad. Naturalmente, no se deben eliminar de un plumazo los derechos adquiridos, pero para las nuevas contrataciones es imprescindible que el contrato indefinido no tenga las limitaciones de despido que tiene en la legislación vigente. No se trata de facilitar el despido, sino de incentivar la contratación. Volveremos sobre ello, pero la capacidad que debe tener el sistema educativo para reciclar a las personas en edad laboral es fundamental para tener una fuerza de trabajo en forma y formada para cualquier eventualidad.

b) Una reforma absolutamente imprescindible y que hay que acometer de manera inmediata, aunque probablemente llevará algún tiempo concluirla, es la de la Administración del Estado. El sistema autonómico y la financiación de los ayuntamientos está convirtiéndose en un dogal que cada vez atenaza con mayor fuerza nuestra economía, afecta tanto a la unidad del mercado como a los planes de actuación de las administraciones públicas.

Las distintas legislaciones sobre aspectos importantes de la actividad económica que se están dictando por parte de los diferentes parlamentos autónomos están pidiendo a gritos una unificación para conseguir que se igualen los requisitos administrativos en todas partes de España.

Los sistemas de incentivos a la inversión y la actividad inversora de las autonomías y los ayuntamientos están impidiendo en momentos como este que la acción del Estado sea mucho más eficaz, dado que se está actuando de manera dispersa. En momentos de crisis es mucho más sencillo llegar a ciertos acuerdos sobre este tipo de actuación, circunstancia que habría de ser aprovechada por los partidos políticos.

Una acción que habrá de hacerse de manera conjunta es la del manejo y liquidación de la deuda que se está creando como consecuencia de la actuación del sector público en la crisis. Reiteradamente hemos advertido de que las inversiones deben tener retornos claros y suficientes para dedicarlos a la futura amortización de la deuda que se haya podido producir para financiarlas, que aquella deuda que se haya creado como condición para sanear el sector financiero debe recuperarse en la medida en que sea posible y que con la venta de los títulos suscritos para tal fin se haga frente a la eventual deuda creada con ese propósito. Sin embargo, hay una deuda que se ha producido por la disminución de ingresos y el aumento de gastos que provoca la propia crisis, a la que habría que añadir la que provoca el saneamiento del sector financiero en la parte que se refiere a entidades sin solución, y la que es predecible que produzcan las acciones del Estado fallidas, por no haberlas hecho de manera coherente. Este último tipo de deuda no debería recaer solamente en el Estado central, sino que debería repartirse entre las autonomías en proporción a su riqueza.

Es evidente que el Estado español es demasiado caro, y una de las condiciones para mejorar la competitividad de la economía es que reduzca el tamaño de sus administraciones. Para ello es seguramente deseable establecer el principio de la Administración única, que significa para la inmensa mayoría de la actividad del Estado que de un tema deben ocuparse bien el Estado central bien la Administración local, pero no los dos. Ello supondría con toda seguridad la disminución relativa del número de funcionarios, bien en la Administración central, bien en la autonómica, y por tanto el Estado sería no solo más barato, sino que su actuación sería más eficiente.

Todo lo que se refiere a la reordenación del Estado solo puede conseguirse con un pacto entre los partidos políticos y las fuerzas sociales del conjunto de la nación, y probablemente esa es una las mayores dificultades con que se va a encontrar esta necesaria reforma, que no será sencilla ni aun con el acuerdo de las fuerzas políticas.

c) Todo el mundo se queja de la poca eficacia del sistema de enseñanza español, y por supuesto es cierto, aunque nosotros no insistiremos mucho sobre ello. Ya hemos advertido en el capítulo anterior de que el apoyo de la universidad a la investigación y sobre todo a la innovación es un aspecto del que no se puede prescindir, pero aún quedan los problemas que presentan la enseñanza primaria, y la secundaria, y sobre todo el sistema de formación profesional. Nótese que no decimos enseñanza profesional, sino sistema de formación profesional, ya que no solo se trata de mejorar la formación de los adolescentes, sino de reciclar de un modo permanente a la población ocupada. Recuérdese que entre las medidas de corto plazo necesarias para encaminarnos a la recuperación, está la formación de los desempleados para que estén en condiciones de volver a formar parte de la población ocupada.

d) Como hemos advertido, habrá que completar la reforma del sistema financiero siguiendo las pautas que ya expusimos al hablar del sistema financiero internacional. En el caso español se trata de tomar la iniciativa y poner las bases cuanto antes de la medición de riesgos y la cantidad de fondos propios necesarios para las diversas actividades de las entidades de depósito. El sistema contable tendrá que aceptar las normas internacionales pero también se podrá avanzar sobre las dotaciones anticíclicas, que se pueden sugerir a otras naciones, ya que hemos sido pioneros en implantarlas.

Del mismo modo, se puede ir avanzando en lo que se refiere a la regulación de analistas y entidades financieras no bancarias en la forma que también expusimos en el capítulo correspondiente.

La reforma de las cajas de ahorro de la que hemos hablado más arriba en este capítulo es otra de las cuestiones que deberían atacarse a la mayor brevedad posible.

Y, por último, solo habría que poner al día la legislación sobre el buen gobierno para que se instaurase no solo en las empresas cotizadas, sino en todas las empresas financieras.

No hace falta modificar el funcionamiento de los mercados de valores, solo apuntalar pequeños detalles de la adaptación a la legislación española de la Directiva de Servicios de Inversión Europea.

Sería muy conveniente tener avanzadas las reformas sobre el sistema financiero y explicarlas y defenderlas, en su caso, en los foros internacionales, porque eso añadiría confianza en el exterior en el sistema financiero español.

e) Otro asunto clave, y que nos lleva pesando ya demasiados años, es el sistema energético y su falta de plan de futuro. No podemos continuar con una dependencia energética tan importante del exterior y con un sistema de tarifas que no refleja los costes reales de producción energética. Y aún menos con el mecanismo de compensación de desequilibrios económicos actual, el llamado déficit de tarifa. Hay que diseñar un nuevo sistema energético que permita identificar claramente los costes de producción de la energía, que repercuta dichos costes en la tarifa eléctrica y que sea lo bastante flexible para poder cambiar el *mix* de producción, tanto por la modificación de los costes de las materias primas utilizadas para la producción energética como por la aparición de nuevas tecnologías de producción de energía.

f) Y, finalmente, es deseable que la justicia, en lo que se refiere a los aspectos mercantiles, funcione bien y rápidamente. La lentitud en los litigios económicos es un coste que a veces es inasumible y produce parones en la actividad económica que no son fáciles de cuantificar, pero que son importantísimos.

Como se puede observar tras la lectura de los capítulos anteriores, la política económica que debemos seguir para salir de la crisis es enormemente compleja, lo que hace necesaria una notable coordinación y un esfuerzo de todos los sectores de la sociedad y de la economía española. El hecho de que la crisis de la economía española haya coincidido con una mundial de la dimensión actual exige un esfuerzo especial y una actitud proactiva de todos los estamentos españoles.

No es fácil imaginar qué sucedería si estas reformas no se llevan a cabo, pero lo que sí sabemos es que nos conducirán a una situación que pocos españoles vivos han experimentado, ya que sería un retroceso notable en el progreso acumulado por España en décadas de esfuerzo y bien hacer.

Anexo

De los «Brotes Verdes» y la Reunión del G-20 en Pittsburgh

Este anexo es debido a que desde que se terminó de redactar el libro hasta la fecha de su publicación, se han producido ciertos acontecimientos que creemos deben ser comentados y encuadrados en nuestro análisis. Fundamentalmente, la reunión del G-20 en Pittsburgh a fines de septiembre de 2009 y la supuesta aparición de «brotes verdes» en algunas economías.

1. Al terminar la reunión de septiembre del G-20, se emitió un comunicado final especialmente extenso, con 31 puntos de preámbulo y 50 de conclusiones, que pasaremos a comentar.

En el preámbulo se dice en primer lugar que la política que instauró el G-20 en abril ha sido un éxito, de hecho, el punto 5º del preámbulo solo tiene una palabra: «funcionó». Sin embargo, en los puntos siguientes del mismo preámbulo se aconseja que continúen las políticas de incentivos fiscales, porque al parecer la situación no está aún clara, aunque está en camino de ser un éxito. En efecto, la primera de las conclusiones aconseja a los países miembros mantener las medidas de apoyo de la economía hasta que se alcance la recuperación económica, que se prevé, en la conclusión número 3, para finales del año 2010, cuando el PIB mundial se espera que crezca al 3%. Esta, que debería ser entendida como una conclusión muy optimista, está empañada por la falta de concreción de los sistemas por los cuales se debe ir volviendo a la normalidad en lo que se refiere a los estímulos financieros, es decir, la vuelta a tipos de interés razonables y a subastas por parte de los bancos centrales de cantidades mucho más reducidas y acordes con la situación de crecimiento económico. En nuestra opinión, no deberían haberse dejado estas decisiones para más tarde, aunque en la conclusión número 2 encargan al FMI y al FSB proponer salidas a esta situación, cooperativas y coordinadas, de excesiva expansión monetaria.

De hecho lo que ha quedado claro a lo largo de todo el comunicado es que se confía en el FMI para la gestión de la vuelta al crecimiento de forma más sostenible y sin los desequilibrios que quedaron claros entre 2007 y 2008. Es seguro que, de no producirse esta corrección de desequilibrios, estaremos abocados a otra crisis antes o después.

También se insiste en que deberá hacerse en el futuro una mejor regulación del sistema financiero, para lo cual se marcan unas pautas prolijas y poco claras, lo que, según nuestra opinión, debería haberse abordado en esta reunión del G-20 e incluso en la de antes del verano. La nueva regulación bancaria se pospone varios años.

De la misma forma prolija y poco concreta se habla de la seguridad energética y del cambio climático, y se encarga a las instituciones ya existentes (la Agencia Internacional de la Energía, el Foro Internacional de la Energía, la OPEP, el IOSCO...) que aporten las mejores soluciones para que la situación energética sea más eficiente y menos contaminante. Una vez más sin concretar medidas sobre situaciones ideales a las que aspirar, ni un procedimiento para concretar dichas medidas.

Un número importante de conclusiones, al menos once, se refieren al cambio en los sistemas de gobierno del Banco Mundial, FMI y demás bancos multilaterales de desarrollo. De tal manera que la importancia creciente de los países en vías de desarrollo y de los llamados países pobres se plasme en cuotas de poder, frente a la disminución del poder de los países desarrollados. Esta era una razón en la que pensábamos cuando tratábamos la anterior reunión del G-20: que estos cambios de estructura impedirían que cumpliesen sus nuevos cometidos rápidamente. De hecho, tampoco se concretan en este momento los cambios en la estructura de gobierno de dichos organismos de manera precisa.

Hay una insistencia, de nuevo, en que se debe tener en cuenta a los países más vulnerables a la crisis por su bajo nivel de desarrollo, pero, una vez más, mientras se estén modificando las estructuras de los organismos multilaterales que alientan el desarrollo estos no podrán actuar con la presteza que probablemente es necesaria.

Vuelven a insistir en las conclusiones de que, teniendo en cuenta que el desarrollo del comercio internacional está lejos de haber recuperado los niveles anteriores a la crisis, es urgente que se terminen las negociaciones de la Ronda Doha, y prometen trabajar en este sentido para que las negociaciones terminen en el año 2010.

En general, y como puede deducirse del los más de treinta puntos del preámbulo y las cincuenta conclusiones, los países y organismos asistentes a la reunión de Pittsburgh se muestran muy satisfechos de cómo van las cosas, aunque en dos aspectos da la impresión de que existen opiniones contrapuestas entre los participantes más poderosos. Nos referimos fundamentalmente a la propuesta de los países de la Unión Europea de que se limiten en general los bonos de los ejecutivos, con especial énfasis en los banqueros. Por la oposición de EEUU se ha llegado a un acuerdo melifluo por el que habría que justificar esos bonos en función de resultados a largo plazo. En nuestra opinión, la necesidad de que las empresas financieras, cotizadas o no, necesiten unas pautas claras y exigibles de un sistema o sistemas de Buen Gobierno Corporativo,* se debería exigir la existencia de una Comisión de Retribuciones, que debería informar sobre los contratos de los ejecutivos y razonar ante los organismos de supervisión la idoneidad de dichas retribuciones.

Sobre la urgencia de la implementación de las nuevas regulaciones y sistemas de supervisión del sistema financiero, se ha diferido en el tiempo de una forma que seguramente el FMI no proponía. El hecho de que la adopción de las nuevas regulaciones se retrase hasta finales del año 2010 y la implantación completa hasta el año 2012, supone un plazo demasiado dilatado en opinión de los técnicos, incluidos seguramente los del FMI.

Y por último decir que la reducción de la frecuencia de reuniones del calendario del G-20 –dos en 2010 (Canadá y Corea) y a partir de

---

* Para hallar información sobre Gobierno Corporativo, véase el libro *El buen gobierno en España: Un análisis crítico*, de Blas Calzada Terrados y Juan Pablo Calzada Torres, Instituto de Estudios Económicos, 2006.

entonces una vez a la año– hace pensar que se tiene claro que todos los problemas habrán desaparecido o se habrán minimizado a finales del año 2010... algo que aún está por confirmar.

2. Desde el verano del año 2009, se viene hablando en muchos países de la aparición de «brotes verdes», es decir, de señales de que las economías o han tocado fondo o están incluso remontando. Los principales datos sobre los «brotes verdes» son la apreciación por parte del Presidente de la Reserva Federal Estadounidense de que la economía de EEUU ha dejado de contraerse, y los resultados de la contabilidad nacional trimestral de Alemania y Francia, que reflejan un crecimiento durante el segundo semestre del año con respecto al primer trimestre. Por otra parte, en lo que se refiere a economías en vías de desarrollo, China crece según sus propios datos a un ritmo muy vivo, al igual que la India. Por último, las bolsas mundiales han recuperado gran parte de las pérdidas acumuladas desde el comienzo de la crisis y la liquidez de los bancos es evidentemente mejor que la de hace un año.

En el caso de China hay que tener en cuenta que el aumento de Producto Interior Bruto se ha manifestado sobre todo en aumentos de los stocks o inventarios, ya que el gobierno ha dedicado una gran cantidad de dinero a financiar esos stocks para conseguir que la actividad económica no se frenase.

Todos ellos son evidentemente elementos positivos, pero en estos momentos es razonable pensar que a lo mejor son consecuencia de los enormes estímulos fiscales aprobados durante los dos últimos años, y que por lo tanto su sostenibilidad todavía ofrece algunas dudas. Precisamente esta es la idea más clara que desprenden tanto los preámbulos como las conclusiones del comunicado final del G-20 de septiembre de 2009. Hemos cebado el motor con agua, y este ha comenzado a bombear agua, pero lo que no está claro es si está agua es del pozo o la utilizada para cebar el motor.

En el caso de España, la situación es aún menos clara. La actividad decae más lentamente, lo cual significa que los estabilizadores automáticos están funcionando. Los incentivos del gobierno han paliado la situación de algunos sectores, pero el déficit público ha alcanzado proporciones insostenibles, sin que se haya actuado de manera clara y directa sobre los problemas de nuestra economía. Es verdad que los índices bursátiles han mejorado ostensiblemente, pero esta mejora se puede achacar sin temor, en lo que se refiere a las bolsas internacionales también, a los bajísimos tipos de interés actuales. Por otra parte, la liquidez de los bancos ha mejorado, fundamentalmente por el alto endeudamiento que tienen con el Banco Central Europeo (BCE). Como los bancos están financiando la colocación de deuda con el dinero obtenido del BCE, la disminución de la facilidad de crédito por parte del BCE podría dar lugar a un aumento de los tipos de interés de la deuda y por tanto, vertiginosamente, del conjunto de tipos de interés de la economía española –tan pronto como se decida por parte de los bancos centrales del mundo volver a los tipos de interés que realmente demanda la economía–, lo que sin duda limitaría enormemente nuestro potencial de crecimiento.

En resumen, la reunión del G-20 y, más que la reunión, el comunicado final han sido decepcionantes por lo inconcreto y quizá demasiado optimistas. Tras dar por parado el primer golpe de la crisis se le otorga el liderazgo para superar y corregir los problemas existentes a unas organizaciones multilaterales, que en paralelo deben cambiar nivel de influencia de los muchos países que son miembros en su dirección y además deben cambiar su diseño operativo para las nuevas funciones que se les asignan. Todo ello en el marco de una falta de política económica y financiera global consensuada y coordinada para el nuevo sistema económico que se anuncia, y de una evidente falta de visión común de cómo está la situación económica y financiera y qué se debe hacer para recuperar los niveles de crecimiento previos a la crisis lo antes posible.

En cuanto a los famosos «brotes verdes», nuestra opinión es que, aunque la situación parece mejorar, es prematuro echar las campanas al vuelo y que hay suficientes factores de importancia que podrían justificar la idea de que no suponen una recuperación continuada de la actividad, por lo que conviene ser escépticos y muy vigilantes con el momento de la necesaria retirada del apoyo público a las distintas economías que, de hacerse mal, daría al traste con todos los avances producidos.

Y por último, y con respecto a la situación española, reiterar nuestra opinión de que estamos aún lejos de la recuperación, y que lo más favorable que se puede decir es que se ha frenado algo la velocidad de contracción de la economía, debido a la acción de los llamados estabilizadores automáticos, es decir, quiebras, reducciones de salario y despidos. Por el momento se aprecia un rendimiento bajo de las inyecciones públicas de capital en la economía, como no podía ser de otra manera dado que se han realizado en forma de gasto no productivo. Al situarse fuera del impacto que puedan tener en la economía durante su realización, poco puede esperarse de ellas. Por otra parte, la reducción de la actividad debida a los llamados estabilizadores automáticos de la economía ha deteriorado de modo importantísimo las cuentas del Estado, que en su política se ha esforzado en limitar los efectos negativos de este proceso hasta el punto de que, probablemente, no podrá seguir la senda de acciones paliativas seguidas hasta la fecha, que es lo único que podemos identificar como política económica del Gobierno actual.